Jane Grayshon

Hinter dem Schmerz die Liebe

Der Bericht einer jungen Frau

R. BROCKHAUS

R. Brockhaus Taschenbuch Bd. 439

Die englische Originalausgabe erschien
unter dem Titel »A Pathway Through Pain«
bei Kingsway Publications Ltd., Eastbourne

Deutsch von Renate Graßl

Umschlaggestaltung: Carsten Buschke, Solingen
Umschlagfoto: Vloo – ZEFA, Düsseldorf
Gesamtherstellung: Breklumer Druckerei Manfred Siegel KG
ISBN 3-417-20439-9

INHALT

Für alle,
denen es innen irgendwo weh tut

VORWORT

Ich lernte Jane Grayshon kennen, als sie und ihr Mann Matthew 1977 an das St. John's College in Nottingham kamen; Matthew war Ende Zwanzig und studierte Theologie. Fast während der ganzen Zeit seines Studiums leitete ich das College. Jane war zweiundzwanzig und beruflich sehr engagiert. Neben ihrer ganztägigen Arbeit als Hebamme und Krankenschwester und ihrem Haushalt nahm sie, wenn irgend möglich, auch am College-Leben teil. Mit ihrer Begeisterungsfähigkeit, Energie und ihrem spitzbübischen Humor glich sie einem springlebendigen Gummiball; sie war eine Frau, die man nicht so schnell vergißt.

Aber Jane befand sich in einer verzweifelten Lage. Ihre inneren Organe verhielten sich nicht alle normal. Die Schwierigkeiten begannen anscheinend 1976, ein Jahr nach ihrer Heirat, als Jane sich einer Blinddarmoperation unterziehen mußte. Daraus entwickelte sich ein Zustand (bekannt als Adhäsion), bei dem, soweit ich das verstehe, die Eingeweide nicht problemlos übereinander hinweggleiten, wenn der betreffende Mensch geht, läuft oder sich hinsetzt. Statt dessen bleiben sie aneinander haften, bedrängen sich bei jeder Bewegung gegenseitig und bereiten dadurch große Schmerzen. Außerdem kann sich ihr Zustand völlig unvorhergesehen verbessern oder verschlechtern. Ich weiß nicht, wie vielen Operationen Jane sich deswegen schon unterziehen mußte; als sie hierher kam, hatte sie jedenfalls schon eine stattliche Reihe hinter sich. Dann mußte sie eine Totaloperation über sich ergehen lassen. Sie lebte so, wie sie es hier beschreibt: Äußerlich schien alles wunderbar, immer war sie zum Lachen (und nicht selten zu einem Späßchen) aufgelegt, aber innerlich litt sie an unsäglichen Schmerzen, die immer wieder plötzlich auftraten und nicht zu lindern waren.

1982 adoptierten sie ihren ersten Sohn, Angus. Er war damals erst drei Jahre alt. Später nahmen sie noch ein zweites Kind an, Philippa.

Jane war als Pastorenfrau eine echte Stütze für ihren Mann. Gleichzeitig hatte sie eine eigene Berufung. Sie fuhr zu Konferenzen über Krankenpflege nach Australien, schrieb Sachbücher und produzierte medizinische Videos. Jetzt hat sie ihre Geschichte aufgeschrieben. Ihre Energie und Kreativität wären selbst bei einer völlig gesunden, jungen Frau höchst erstaunlich. Aber körperlich ist sie ein lebendes Wrack; die letzten Jahre brachten kaum eine Veränderung im Vergleich zum Frühjahr 1980.

Dies ist keine sentimentale Erfolgsgeschichte. Seien wir ehrlich: Sollte Leben in der Nachfolge für uns, die wir keine vergleichbaren Schmerzen haben, nicht eigentlich einfach sein?

Colin Buchanan,
Bischof von Aston

Dein Weg ging durch das Meer
und dein Pfad durch große Wasser;
doch niemand sah deine Spur.

Psalm 77,20

Gefangen im Schmerz

Warum ich dieses Buch schreiben wollte

Vor zwei Jahren erhielt ich einen Brief von einer Freundin. Sie schrieb, wie öde und leer ihr Leben ist, seit sie an einer chronischen Krankheit leidet. Diese Krankheit zehrt sehr an ihren Kräften und beeinträchtigt das ganze Leben ihrer Familie. So viele Empfindungen, die sie beschrieb, waren mir bekannt: Ihr Kummer darüber, wie sich ihre Krankheit auf ihre Kinder auswirkt; ihr Schuldbewußtsein und ihr Gefühl, versagt zu haben, weil ihr Mann sogar an einen Berufswechsel denken muß, um daheim besser zurechtzukommen; ihr Gefühl, keine Kraft mehr zu haben, um weiterzukämpfen.

»Ich versuche mit aller Kraft, mit meiner Krankheit fertig zu werden«, schrieb sie. »Und ich habe jetzt große Zweifel an einer möglichen Heilung bekommen, aber es gibt niemanden, der mich darin wirklich versteht. Es ist einfacher, mit jemandem zurechtzukommen, der wegen einer vorübergehenden Sache im Krankenhaus liegt. Etwas Chronisches ist viel schwieriger zu begreifen. Wie denkst du darüber?«

Dieses Buch enthält einige meiner Gedanken und Empfindungen zu dieser Frage. Ich habe mich dabei besonders auf Zeiten konzentriert, in denen ich selbst Schmerz und Leid sehr intensiv erfahren habe.

Weil ich erfuhr, wie sehr auch andere in ihrem Leben leiden müssen (obwohl ihr Leiden anders aussah als meines), versuchte ich beim Schreiben, ganz ehrlich zu sein. Auch in bezug auf die scheinbaren Widersprüche. Jesus Christus bittet mich, ihm so sehr zu vertrauen, daß ich den Schmerz akzeptiere und dennoch meine Hoffnung auf Heilung nicht aufgebe. Das ist doch ein Widerspruch! Daß ich getröstet lebe, obwohl ich viele Gründe habe, mich zu ängstigen. Daß ich seinen Verheißungen glaube, selbst mitten in tiefer Verzweiflung. Daß ich bewußt aus der Haltung des Siegers lebe, allein durch die stille Unterordnung unter seinen Willen.

Obwohl ich nur von meinem eigenen, hauptsächlich körperlichen Leiden geschrieben habe, hoffe ich, daß dieses Buch auch viele tröstet und ermutigt, bei denen genauso wie bei mir kein äußeres Anzeichen für ihr Leid sichtbar ist (wie zum Beispiel ein Rollstuhl). Der Grund für inneres Leiden kann Kummer über eine zerbrochene Ehe sein; der Verlust eines geliebten Menschen, den man niemals überwinden zu können glaubt; die Belastung durch schwierige oder behinderte Kinder oder ein Leben in völliger Einsamkeit.

Die Intensität der Schmerzen kommt und geht in Wellen wie Ebbe und Flut. Ich bete darum, daß der Herr zu jedem, der dieses Buch liest und Schmerzen hat, mit der gleichen Klarheit spricht wie zu mir während meiner eigenen schmerzvollen Erlebnisse, und daß er an dem Leiden jedes einzelnen teilnimmt, selbst wenn er nicht das schenkt, was wir uns am meisten wünschen: das Ende aller Schmerzen.

Wie es anfing

Laß diesen Kelch an mir vorübergehen. (Matthäus 26,39)

Ein Leben mit drei Brüdern steckt voller Herausforderungen. Von frühester Kindheit an wollte ich unbedingt mit meinen Brüdern mithalten. Das bedeutete, ich mußte ihre brüderlichen Scherze schlucken lernen, ohne mit der Wimper zu zucken, um nicht gleich als Heulsuse zu gelten. Geschichten über meine Großmutter und ihre acht Brüder machten mir Mut: Wenn sie es geschafft hatte, mit acht Brüdern fertig zu werden, dann mußte ich das doch mit nur dreien können!

»*Du* kannst diese Strickleiter aber nicht hochklettern . . .«

»Auf diesen Baum kommst *du* doch bestimmt nicht hoch . . .«

Seit meiner frühesten Kindheit habe ich das von meinen Brüdern gehört. Wenn sie auch noch hinzufügten: »Weil du ein Mädchen bist!« oder »Weil du noch zu klein bist!«, wurde es nur noch wahrscheinlicher, daß ich mich davon ködern ließ. Keiner sollte mich einen Schwächling nennen können! Ich atmete einmal tief durch und versuchte, mich gegen alle Ängste und Schmerzen zu wappnen, um auf den Birnbaum zu klettern. Hatte ich die Krone erreicht, fühlte ich mich überglücklich, ungeachtet der blutenden Knie und der aufgelösten Zöpfe.

Trotzdem habe ich wunderschöne Erinnerungen an meine Kindheit. Schon sehr früh zeigten mir meine Eltern, wie reich, erfüllt und faszinierend das Leben ist. Da ich mit viel Temperament und einem starken Willen ausgestattet bin, habe ich die Herausforderungen, die uns das Leben so großzügig beschert, immer liebend gern angenommen. Ich war nie jemand, der vor Schwierigkeiten kapitulierte. Mit Willensstärke und einem Schuß Genialität kann man für jedes Problem eine Lösung finden, davon war ich überzeugt. Deswegen ist für mich die Entdeckung nicht einfach, daß es Situationen gibt, mit denen ich nicht fertig werde.

Es gab für mich ein böses Erwachen. Der Schmerz wurde zu einer beherrschenden Farbe in meinem Lebensbild, und ich kam oft an den Punkt, wo ich nur noch in tiefer Qual schrie: »Ich kann es nicht länger ertragen!«

Während der vier dunkelsten Monate im Jahr 1980 war ich nahe daran, vollkommen aufzugeben. Es läßt sich unmöglich beschreiben, wie völlig ausgehöhlt ich von der Krankheit, den Schmerzen, ja, vom Leben selbst war.

Als im Februar die Krise begann, hatten mich bereits anhaltende Schmerzen von geringerer Intensität zutiefst ermüdet. Obwohl ich wußte, daß es »normal« bei mir war, krümmte ich mich doch jedesmal, wenn ich bei einer zu heftigen Bewegung einen starken Schmerz spürte. Schmerzmittel waren entweder nicht stark genug, oder es wurde mir schlecht davon. Ich neigte sowieso eher dazu, keine zu nehmen, da ich befürchtete, sie würden ihre Wirkung bei zu hohem Konsum verlieren. Ich hatte Angst, dann nichts mehr zu haben, auf das ich in einer noch schlimmeren Situation zurückgreifen konnte.

Die Schmerzen wurden zum unwillkommenen Bestandteil jeder Unterhaltung, und zwar in solchem Ausmaß, daß ich insgeheim dachte: »Hoffentlich hat das bald ein Ende; ich muß mich unbedingt ausruhen.« Aber ich konnte mich nicht ausruhen, weil mich die Schmerzen ruhelos machten. Und wenn ich allein war, sehnte ich mich nach einer Unterhaltung, um mich abzulenken. Ich fühlte mich ständig hin- und hergerissen. Ein Heilmittel gab es nicht. Ich wurde schnell ärgerlich, was meine Reizbarkeit nur noch verstärkte, denn ich erkannte meine Ungeduld und verabscheute mich selbst dafür.

Zu allem Überfluß brachen in dieser Situation auch noch akute Schmerzen aus. Zuerst dachte ich, ich sei schwanger. Das heiterte mich für zwei Wochen auf. Die Freude war nur durch zusätzliche Müdigkeit gedämpft. Aber als die Schmerzen zunahmen, ließ die freudige Erregung nach. Meine zweijährige Erfahrung als Hebamme sagte mir, daß meine Symptome nichts Gutes bedeuteten.

Irgendwie schaffte ich es trotzdem weiterzuarbeiten. Ich hatte mich um viele Patientinnen zu kümmern, die sich über Schmerzen beklagten. Aber innerlich hatte ich recht wenig Mitgefühl für sie, die doch offensichtlich nur etwas vortäuschten. Ich beobachtete, wie sie mit ihren Freunden im Besuchszimmer kicherten, doch wenn die Visite kam, war ihr Blick plötzlich voller Selbstmitleid, und sie jammerten schrecklich über »entsetzliche Schmerzen, Herr Doktor«. Ich fühlte mich versucht zu sagen: »Sie haben keine Ahnung, was entsetzliche Schmerzen sind, wenn Sie dabei noch kichern können.« Aber ich sagte nichts. Einer der Mediziner, mit denen ich zusammen arbeitete, war Richard, mein eigener Arzt. Aber ich war noch nicht bereit, mit jemandem über mich zu sprechen – am wenigsten mit ihm. Im Grunde wußte ich nur zu gut, was er durch eine Untersuchung bei mir finden würde.

Also machte ich weiter. Jeden Abend fuhr ich über die nebeligen Landstraßen Mittelenglands nach Hause und fiel einfach ins Bett. Matthew, mein Mann, arbeitete so viel für sein Theologiestudium, daß ihm kaum auffiel, wieviel Zeit ich im Bett verbrachte. Er nahm seine Mahlzeiten im College ein, deshalb merkte er nicht, daß ich nicht kochte. Und er war so müde, daß er fest schlief, während ich stundenlang versuchte, eine einigermaßen bequeme Lage zu finden, in der ich schlafen konnte.

Dann kam ein bestimmter Dienstag, an dem ich nicht mehr fähig war, flott durch die Station zu gehen. Einer Patientin, die in den Wehen lag, mußte ich eine Blutprobe entnehmen. Während ich mich darum kümmerte, spendete die andere Hebamme, die mit mir Dienst tat, der Patientin so tröstliche Worte, daß ich mir wünschte, dieser Trost gelte mir. Statt dessen versuchte ich, immer nur weiter und weiter zu machen ...

Bei allem, was ich tat, mußte ich mir selbst die Anweisung erteilen. ›Geh jetzt diesen Gang hinunter. Du kannst es.‹

›Geh dort hinüber und hole eine Spritze und eine Nadel. Zwing dich dazu. Geh hinüber und halte dich aufrecht.‹

›Lächle diese Frau an. Laß auch deine Augen lächeln, damit die anderen nicht merken, wie stark deine Schmerzen sind.‹

Die kämpferische Seite in mir wollte auf keinen Fall aufgeben. Ich dachte, daß die Schmerzen einfach von selbst vergehen würden, wenn ich sie ignorierte. Hätte jemand bemerkt, in welch qualvoller Lage ich mich befand, und mich danach gefragt, wäre ich zusammengebrochen. Einerseits sehnte ich mich danach, daß jemand meine Not bemerkte – andererseits hatte ich entsetzliche Angst vor dem, was sich dann herausstellen könnte.

Am Mittwoch mußte ich bei einer Prüfung von Medizinstudenten mithelfen. Normalerweise machte mir das große Freude, und ich trieb gnadenlos meine Späße mit allen Ärzten und Professoren, die die Prüfung leiteten. Ich holte sie nämlich gern etwas von ihrem hohen Podest herunter, von dem aus sie die Studenten in Angst und Schrekken versetzten. Sie fühlten sich ihrerseits durch das Prüfen so gelangweilt, daß sie ein paar Scherze durchaus mochten.

Aber an diesem Mittwoch war ich sehr gedämpfter Stimmung. Nichts von den üblichen Anspielungen und Spötteleien, und am Schluß der morgendlichen Sitzung ließ Richard eine Bemerkung dazu fallen.

»Geht's dir gut?« fragte er, als wir durch den Verbindungsgang zum Mittagessen gingen. Die Tür am anderen Ende stand offen, und man sah Tische, beladen mit köstlichen Speisen, und Mädchen mit gestärkten, weißen Häubchen, die uns großzügig bewirten wollten. Beim bloßen Anblick dieser Dinge hatte ich schon das Gefühl, mich übergeben zu müssen.

»Es geht schon«, antwortete ich und vermied es sorgfältig, ihn anzusehen, damit er nicht die Wahrheit in meinem Gesicht lesen konnte.

»Rotwein für dich, oder?« Er deutete auf die vielen, teuren Weinflaschen. »Ach, schau mal, sie haben sogar deine Lieblingsmarke – St. Emilion.«

»Nein, danke, Richard, ich möchte heute lieber keinen.«

Richard sah mich ungläubig an, und zum ersten Mal wagte ich es, seinem Blick zu begegnen. »Ich glaube, ich brauche eher ein paar Antibiotika.«

So. Jetzt hatte ich es gesagt. Jetzt konnte ich mit mir selbst doch wirklich zufrieden sein. Und später würde ich Matthew erzählen können, daß ich »gebeichtet« hatte. Dann würde er auch zufrieden und erleichtert sein. Ein paar Antibiotika würden schon alles in Ordnung bringen, oder etwa nicht?

Richard sah mich eine Minute lang prüfend an, dann nickte er, weil seine Aufmerksamkeit von den anderen Ärzten und Professoren in Anspruch genommen wurde, die ihre neuesten Forschungsergebnisse austauschten.

»Okay. Schreib dir ein Rezept, und ich unterschreibe es.« Er schenkte sich ein Glas Beaujolais Nouveau ein.

Ich schlüpfte aus dem Raum. Mein Unterleib brannte jetzt wie Feuer. Ich wußte, ich hätte mich vor Richard nicht so ruhig und gelassen geben sollen. Besser wäre gewesen, ihn zu einer passenderen Zeit zu fragen, zu der er mich ordentlich hätte untersuchen können. Er verließ sich darauf, daß ich von selbst kommen würde, und dieses Mal hatte ich es für ihn bewußt schwierig gemacht. Ich hatte einfach zuviel Angst.

»Macht nichts«, tröstete ich mich selbst. »Die Antibiotika werden bald wirken.«

Der Nachmittag ging vorüber. Ich sehnte mich danach, mich hinzulegen oder mich auch nur einmal kurz auszustrecken, um meinen Kopf und Leib auszuruhen.

Richard unterschrieb das Rezept, dann blickte er auf. »Du gehörst nach Hause. Geh und nimm etwas davon.« Er schrieb noch eine große Packung eines starken Schmerzmittels auf. »Du willst sie doch nicht alle auf einmal nehmen, oder?« Er lachte über seinen Witz. Ich lächelte nur schwach. Lachen war unmöglich, denn selbst die Muskelbewegung beim Lachen ließ den Schmerz unerträglich in mir hochbrennen. Und so witzig war es vielleicht nicht einmal.

Ich ging nicht sofort nach Hause. Zunächst fuhr ich ins Büro und schrieb alle noch ausstehenden Berichte, erledigte die Korrespondenz und brachte meine Akten in Ordnung. Ich wollte erst gehen, wenn ich alles erledigt und auf dem neuesten Stand wußte. Irgendwie muß ich gespürt haben, daß ich lange Zeit nicht mehr herkommen würde.

Die folgenden Tage verbrachte ich im Bett. Matthews Gesicht wurde immer beunruhigter, obwohl er jedesmal, wenn er mir etwas zu trinken brachte, mich aufzuheitern versuchte. Jedesmal, wenn er ein Tablett mit Essen, das ich nicht gegessen hatte, wieder mitnahm, sah er mich ernster an. Er wußte, daß es jeden Tag schlimmer mit mir wurde, aber keiner von uns wollte es als erster aussprechen.

Zwei- oder dreimal mußten wir einen Arzt aus dem Ort holen. Einmal war es Samstag abends, und wir mußten ihn sehr drängen. Es war ziemlich offensichtlich, daß er am liebsten überhaupt nicht gekommen wäre.

»Was kann ich für Sie tun?« fragte er kurzangebunden und zückte Rezeptblock und Kugelschreiber, um etwas zu verschreiben.

Matthew gab schnell eine Antwort, damit ich mir mein letztes bißchen Energie für eine weitere Erklärung sparen konnte. »Also, vor vier Jahren bekam sie ihren Blinddarm heraus und seitdem ...« begann er.

»Ich will wissen, was *jetzt* das Problem ist.« Der Arzt spielte ungeduldig mit seinem Kugelschreiber und wollte endlich etwas verschreiben.

Das regte mich langsam auf. Es ließ sich nicht vermeiden, meine jetzigen Symptome in Zusammenhang mit den letzten paar Jahren zu bringen. Schließlich handelte es sich nicht um eine unbedeutende Grippe, die isoliert aufgetreten war. Die letzten vier Jahre war ich nicht mehr ganz gesund gewesen, seit ein paar Wochen nach einer normalen Blinddarmoperation in Edinburgh ein nicht erkannter Abszeß aufgebrochen war. Sein aggressiver, bazillenreicher Inhalt breitete sich überall in meinem Unterleib aus. Trotz rigoroser Behandlung durch Operation und Antibiotika schienen die dadurch entstandenen, hochinfektiösen Mikroorganismen nie ganz ausgerottet worden zu sein, obwohl sie mir lange Zeit keine Probleme bereitet hatten. Aber jedesmal, wenn die Entzündung sich wieder heimtückisch regte, brachte sie eine an meinen Kräften zehrende Krankheit und die Möglichkeit schwerwiegender Konsequenzen.

Wie hätte ich das alles in nur einem Satz zu meiner Verteidigung ausdrücken können?

Ich war sehr dankbar, daß Matthew die Rolle meines Sprechers übernahm, denn er wirkte immer noch sehr ruhig. Zu der Zeit kannte er das medizinische Fachchinesisch noch nicht, und ich überlegte, ob ich mich nicht mit ein paar Begriffen einschalten sollte, um den Arzt endlich zum Nachdenken zu bewegen. Ich merkte, daß mir nichts anderes übrigblieb, wenn uns überhaupt geholfen werden sollte.

»Seit damals leide ich an einer Entzündung des kleinen Beckens mit akuten Anfällen einer chronischen Peritonitis. Sie scheint jetzt wieder aufgetreten zu sein. Ich habe große Schmerzen.«

»Akute Fieberschübe?«

»Nein, aber meine Temperatur geht sogar bei einem schweren Anfall kaum hoch. Warum, ist uns völlig unverständlich.«

Sobald ich »nein« gesagt hatte, hörte der Arzt schon nicht mehr zu und hielt seinen Kugelschreiber schon wieder griffbereit über dem Rezeptblock.

»Keine Pyrexia. Nun, dann fehlt auch nichts Ernsthaftes. Aber wenn Sie unbedingt wollen, gebe ich Ihnen ein paar Antibiotika.« Er schien erfreut zu sein, doch endlich etwas verschreiben zu können.

Hilflos sah ich Matthew an. Er wird oft still, wenn viel zu sagen wäre, als ob er erst alle Gedanken in seinem Kopf ordnen müsse, bevor er sie ausspricht. Nachdenklich stand er da, dann trafen sich unsere Augen. Ich merkte, daß er sich unfähig fühlte, gegen diese starke Mauer, die »Halbgötter in Weiß« anzukämpfen. Es ärgerte mich wieder einmal, daß Ärzte es verstehen, ihre Meinung als absolut hinzustellen.

Zum Glück hatte ich noch ein Argument. »Danke für Ihr Rezept, aber ich nehme schon seit Mittwoch Antibiotika.«

»Ach?« Endlich hatte ihn doch etwas in seiner Fahrt gebremst. »Nun, die müßten doch die Sache eigentlich ins Lot bringen.«

»Aber sie tun es nicht, und es dauert jetzt schon dreieinhalb Tage. Mir geht es immer schlechter, nicht besser. Außerdem ist mir so übel, daß ich sie kaum nehmen kann.«

Er ließ seinen schicken Arztkoffer zuschnappen, nahm ihn von den Knien und stellte ihn auf den Boden. »Dann muß ich mir wohl mal Ihren Bauch ansehen. Wo tut's denn weh?«

Ich deutete auf den Bereich einer Seite, doch vermied ich sorgfältig jede Berührung, weil die Stelle sehr empfindlich war. Er legte seine kalte Hand auf die gegenüberliegende Seite und arbeitete sich allmählich über meinen Unterleib vor; dabei drückte er auf meinen Bauch, als würde er Briefmarken aufkleben, anstatt mich vorsichtig abzutasten. Unwillkürlich zog ich meine Beine an und holte tief Luft.

Matthew eilte mir zu Hilfe. »Seien Sie bitte vorsichtig. Sie hat schon viel durchgemacht«, erklärte er leise.

»Das ist notwendig«, war die kurze Antwort.

Als er fertig war, waren meine Fäuste vom Zusammenpressen ganz weiß. Ein sachliches Gespräch war mir jetzt unmöglich. Wellen von Übelkeit gingen über mich weg, aber ich fühlte mich zu gehemmt, um mich in Gegenwart eines Menschen mit so wenig Mitgefühl über meine Schüssel zu beugen. ›Geschähe ihm ganz recht, wenn er es abbekäme‹, dachte ich unbarmherzig. Aber dann schoß der Schmerz wieder durch mich durch, bis nach hinten in den Rücken und in die Oberschenkel. Ich schloß die Augen und versuchte, damit fertig zu werden.

»Ich werde Ihnen ein Rezept für ein anderes Antibiotikum ausstellen.« Der Arzt nahm seinen abscheulichen Zettel und Kugelschreiber wieder in die Hand. »Wenn bis Montag keine Besserung eingetreten ist, müssen Sie zu Ihrem eigenen Arzt gehen.«

Ich öffnete meine Augen ein wenig. Matthew schien etwas erleichtert. Er dachte sicherlich, dieses Mittel sei durchaus einiger Beachtung wert. Ich konnte zwar seine Zuversicht nicht teilen, aber um seinetwillen wollte ich der Anweisung folgen. Was hatte ich sonst auch für eine Alternative?

Ich kratzte mein letztes bißchen Energie zusammen, um ihn noch um etwas zu bitten, was mich quälte. »Mir ist so schlecht, ich weiß nicht, ob ich die Antibiotika oder die Schmerzmittel bei mir behalten kann. Ich brauche irgend etwas . . .« Ich sah ihn flehentlich an.

»Hier, nehmen Sie das.« Der Arzt kramte noch einmal in seiner schwarzen Tasche.

»Was ist das?« Ich gab meinen Patienten nie irgendein Mittel, ohne ihnen zu erklären, was es war und wie es wirkte, und ich war auch nicht gewillt, irgend etwas ohne Erklärung zu nehmen.

»Nehmen Sie es einfach.« Er hielt es mir hin, nickte energisch und murmelte noch: »Ihr Krankenschwestern seid doch alle gleich.« Sein harter Blick, mit dem er an mir vorbeisah, zeigte nach wie vor wenig Mitgefühl, und innerlich krümmte ich mich zusammen. Aber ich war zu müde, um es abzulehnen. Also nahm ich es.

Nachdem er gegangen war, verschwamm alles vor meinen Augen. Durch die geheimnisvolle Tablette schien mein Kopf zu schwimmen, und bald konnte ich kaum noch zwischen Realität und Vorstellungswelt unterscheiden. Meine Gedanken waren ohne Halt, mein Herz hämmerte wild, es war fast wie eine schwindelerregende Musik mit einem heftigen Trommelschlag im Hintergrund.

Matthew kam und ging, er kniete neben meinem Bett und sprach leise und sanft auf mich ein. Seine Fürsorge tröstete mich sehr. Ich war so dankbar, daß es mich nur wenig kostete, mich zu einem Lächeln zu zwingen. Aber sobald ich die Augen schloß, war ich wieder in einer Welt der Schmerzen. Manchmal hatte ich scheußliche Halluzinationen, dann wieder saß ich kerzengerade im Bett, oder ich beugte mich vor, um die Schmerzen zu verlagern. Aber immer spürte ich sie.

Am Montag morgen hatten wir nicht mehr die geringsten Zweifel daran, was wir tun mußten. Nach einem kurzen Telefonat mit einer verständnisvollen Sekretärin auf der Station, auf der ich arbeitete, bekam ich noch für denselben Tag einen Termin bei Richard.

Ich weiß nicht mehr, wie ich es fertigbrachte, mich so zusammenzureißen, daß ich es bis ins Sprechzimmer schaffte. Matthew fuhr mich hin und umfuhr mit größter Vorsicht alle Schlaglöcher, damit mein schmerzender Körper nicht noch mehr durchgerüttelt wurde. Für die wenigen Stufen, die wir hinaufgehen mußten, lehnte ich seinen Arm ab. Wieder einmal quälte mich meine uralte Angst, als Waschlappen zu gelten. Ich durfte keine Schwäche zeigen. Es war schwer, und ich mußte mich hilfesuchend ans Geländer klammern, aber ich konnte mich wenigstens unabhängig fühlen.

Als Matthew die Stationstür aufhielt, hatte ich meine panische Angst vor dem, was Richard für mich entscheiden würde, etwas verdrängt. Alle meine Gedanken waren auf das Weitergehen konzentriert.

Ich programmierte mich wieder selbst. ›Geh weiter, Jane. Geh nur bis zu dem Stuhl dort drüben und halt dich daran fest. Halte deinen Körper aufrecht, sonst werden die anderen auf dich aufmerksam und glauben, du ziehst nur die theatralische Show einer Schwerkranken ab. Gib ihnen keine Möglichkeit, dich für einen Hypochonder zu halten. Versuch statt dessen, ganz normal auszusehen. Und krümm dich nicht vor Schmerzen . . .‹

Ich quäle mich selbst immer mit dem Gedanken, daß andere mich für einen Hypochonder halten könnten. Der Grund dafür ist wahrscheinlich, daß es unerträglich für mich war, als man mich 1976 in Edinburgh tatsächlich wie einen Hypochonder behandelte; damals wurde ich zum ersten Mal krank. Ich habe Angst, nicht ernstgenommen zu werden, weil ich unehrlich wirken könnte. Nur wenn der Schmerz zu heftig wird, sehne ich mich nach nichts so sehr wie nach ehrlicher Zuwendung. Also zwinge ich mich dazu, so normal wie möglich zu wirken und versuche, mir von den Schmerzen nichts anmerken zu lassen, damit nur wirklich aufmerksame Menschen bemerken, wie es in mir aussieht.

Richards charakteristische Schritte, die sich uns näherten, schreckten mich auf. Freudestrahlend sah er uns an. Ich mußte schwer schlucken und spürte einen Kloß in meiner Kehle. Dann ließ ich Matthews Hand los und überlegte, was ich in Zukunft noch alles loslassen würde – meine kämpferische Haltung, meinen Versuch, den anderen etwas vorzuspielen.

»Wir sehen uns drinnen«, rief er mir zu, als er ins Vorzimmer huschte, um nach meinen Unterlagen zu sehen. Auf meinem Weg ins Untersuchungszimmer holte er mich schnell ein. Ich kam nur sehr langsam vorwärts, jeder Schritt war ein Willensakt. Deswegen wünschte ich mir, nicht neben ihm gehen zu müssen.

Ich glaube, er merkte, wie meine Hand unwillkürlich nach meinem Unterleib griff, als ich bei einem Schritt innerlich zitterte. Das mußte ihm verdächtig erscheinen. Hatte er auch bemerkt, wie abwesend ich war? Würde er erraten, warum?

Der Gang erschien endlos, aber schließlich befand ich mich im Untersuchungszimmer. Erleichtert ließ ich mich in den schwarzen Plastiksessel fallen, auf den Richard zeigte. Trotzdem konnte ich mich nicht entspannen, sonst hätte sich auf meinem Gesicht widergespiegelt, wie ich mich innerlich fühlte. Ich hatte immer noch schreckliche Angst, daß er mich für einen Feigling halten würde. Und ich wollte gelassen erscheinen. Schließlich arbeitete ich für diesen Mann – da durfte ich seinen Respekt nicht verlieren.

Auf seine Fragen gab ich nur knappe Antworten, denn sogar die Anstrengung des Sprechens verschlimmerte meinen Zustand; aber ich war immerhin ehrlich. Nachdem Richard sich ein paar Notizen gemacht hatte, beugte er sich vor und fühlte meinen Puls. Während er zählte, herrschte Stille.

Er spielte an seiner neuen Digitaluhr herum, und sein Gesicht hatte einen verwirrten Ausdruck. Wußte er immer noch nicht, wie sie funktionierte? Ich zog ihn oft damit auf, daß sie wohl zu kompliziert für ihn sei, aber heute war nicht die Situation für unsere üblichen Scherze. Ich schloß die Augen und merkte, daß ich langsam die Rolle des passiven Patienten übernahm. Ich spürte, daß ich zum »Aufgeben« gezwungen wurde, auch wenn mich das noch ohnmächtiger machte. Ich hatte den Schmerz nicht überwinden können, weder, als ich dagegen ankämpfte, noch, als ich ihn ignorierte. Er hatte mich überwunden.

»Einhundert-sechs-und-dreißig?« Die Überraschung in Richards Stimme war mit offensichtlicher Beunruhigung gemischt. Nachdem ich so daran gewöhnt war, mich bei den Ärzten darum zu bemühen, daß mein Zustand ernstgenommen wurde, wußte ich jetzt nicht recht, was ich sagen sollte. Aber Richard wartete meine Antwort nicht ab; er zählte noch einmal.

»Du hast einen Puls von 136, Jane.« Sein Gesicht, das mit seinem dunklen Schnurrbart und seinen Grübchen sonst eher schalkhaft erschien, wirkte ziemlich nüchtern. »Ein bißchen hoch, oder?« Seine Bemühungen, vor mir gelassen zu wirken, konnten mich nicht täuschen, denn ich sah, wie sein Stift die Pulsangabe auf meiner Karteikarte stark umrandete. »Ich sollte dich wohl besser untersuchen.«

Als ich mich auf die Couch legte und dabei langsam meine Beine hob, um jede heftige Bewegung zu vermeiden, die meinem Unterleib schaden konnte, merkte ich, daß es keinen Sinn mehr hatte, noch länger etwas vorzutäuschen. Ich hätte heulen können – aber nicht nur wegen der Schmerzen. Meine Gedanken waren vollkommen verwirrt, ich wußte nicht, ob ich erleichtert sein sollte, weil man mich endlich so sah, wie ich wirklich war, oder ob ich vor dem Ernst meiner Lage Angst haben sollte. Körperlicher Schmerz und seelische Erschöpfung bilden eine zerstörerische Mischung.

Als Richard fertig war, stützte er sich mit ausgestreckten Armen auf die Couch. »Du weißt, was das bedeutet, nicht wahr?« Es war eher eine Feststellung als eine Frage. Ich öffnete meinen Mund zum Sprechen, aber meine Stimme versagte.

»Ich lasse für heute abend um sieben Uhr den OP für dich vorbereiten.«

Ich blickte auf die Wanduhr: Es war fünf Uhr nachmittags.

»Und ich sorge dafür, daß du gleich auf der Station aufgenommen wirst.«

Er scharrte unruhig mit den Füßen. Er kannte mich gut genug, um zu wissen, daß ich es schätzte, wenn man gleich zur Sache kam, anstatt wie die Katze um den heißen Brei zu schleichen – und er wußte auch, daß ich sofort alles bekämpfen und in Frage stellen würde, sobald man mir die geringste Gelegenheit dazu gab.

»Einen Moment!« Ich räusperte mich. Zwar merkte ich, daß er fest entschlossen war, aber mein Kopf war noch so voller Fragen. »Was, glaubst du, ist es denn?«

»Vielleicht eine Eileiterschwangerschaft. Alle Anzeichen sprechen dafür.«

Ich starrte auf die leere, weiß getünchte Wand. Also ... war ich vielleicht doch schwanger, aber das Baby saß in meinem Eileiter. Aus irgendeinem Grund empfand ich kein Mitleid für dieses Baby, so, wie mir das bei anderen Frauen gegangen war, die ich bei einer solchen Schwangerschaft betreut hatte. Statt dessen bedauerte ich zutiefst, daß ich nicht die Glückseligkeit einer ersten Schwangerschaft erlebte. Matthew wäre entzückt und furchtbar stolz auf mich gewesen. Ich hätte meinen Eltern das erste Enkelkind geboren – ich war immerhin ihre einzige Tochter unter vier Kindern. Sie wären begeistert gewesen: meine Mutter, weil wir beide auf diese Weise die einzigartige Beziehung zwischen einer Mutter und ihrer schwangeren Tochter erlebt hätten, und mein Vater auf eine noch andere, ganz besondere Art, weil ich, nach seinen Worten, seine »liebste Tochter« war. Und ich hätte die Schwangerschaft so genossen. Ich hätte darauf geachtet, immer frisch und gut auszusehen, und mich ganz dem Genuß hingegeben, so ausgesprochen weiblich zu sein.

Diese Gedanken flitzten mir innerhalb von Sekunden durch den Kopf. Das alles war plötzlich unmöglich geworden.

Die Konsequenzen waren weitreichend. Im vorangegangenen Juni hatte Richard bei einer anderen Notoperation bereits einen Eierstock und einen Eileiter entfernen müssen. Wenn dies eine Eileiterschwangerschaft war, dann ging es um meinen einzigen, übriggebliebenen Eileiter. War dieser erst entfernt, was in zwei Stunden der Fall sein konnte, dann würde ich keine Kinder mehr bekommen können.

Ich versuchte, meine Gedanken auf etwas anderes zu lenken. »Und wenn es keine Eileiterschwangerschaft ist?« Meiner Stimme fehlte die übliche Lebhaftigkeit.

»Dann muß ich dich aufmachen und nachsehen, was es ist.« Richard war offensichtlich nicht bereit, nur einen Zentimeter von seinem Entschluß abzurücken. »Wir sehen uns im OP«, sagte er fest.

Wieder auf der Station, konnte ich nicht verhindern, daß mich die anderen vom Krankenhauspersonal – meine Kollegen – sahen. Obwohl Richard mich wohl ernstgenommen hatte, erlaubte ich es mir nicht, auch den andern offen meine großen Schmerzen zu zeigen. In zwei Stunden würde sich vielleicht herausstellen, daß mir nichts Ernstes fehlte; dann hätte man mir nachgewiesen, daß ich mich wegen nichts beklagt hatte. So etwas tun nur Schwächlinge. Und um einer solchen entsetzlichen Betitelung zu entgehen, spielte ich wieder meine Rolle, setzte ein fröhliches Gesicht auf und sagte heiter: »Na! Ich bin mal wieder dran. Sie schlitzen mich wieder auf!« Und sie lachten, was ich mit meinen Worten ja auch bewirken wollte. Aber innerlich flehte ich sie an, meine Rolle zu durchschauen, sich zu mir zu setzen und mit mir zu weinen.

Auf dem Weg zur Station war Matthew schweigsam. Wenn er mit mehreren Lösungsmöglichkeiten für ein Problem konfrontiert wird, spekuliert er niemals: »Wenn das so ist, dann muß dies oder das passieren.« Er wartet das Ergebnis ab. Deshalb sagte er zu all dem nichts, aber mit seinem stillen Mitgefühl und seiner Liebe half er mir weiterzugehen. Das ganze Ritual meiner Krankheit, der Einlieferung ins Krankenhaus und einer Operation waren ihm nur zu vertraut. Er hatte mich schon so viele Male durch all das begleitet.

Auf der Station wurde ich sehr freundlich behandelt. Trotzdem machten mich die unnötigen Fragen, die man mir stellte, ungeduldig. Einerseits langweilte es mich, meine Krankheitsgeschichte zu wiederholen, andererseits sehnte ich mich danach, den intensiven körperlichen Qualen zu entkommen. Da ich die Geschichte noch einmal erzählen mußte, blieb mir wenig Zeit, um allein zu sein, mich zu beruhigen und vielleicht auch zu beten.

»Sie brauchen mich das alles nicht zu fragen. Es steht alles in meinen Unterlagen«, sagte ich schließlich seufzend zu einer Lernschwester. Sie schlüpfte aus meinem Zimmer und biß sich dabei auf die Lippen. Armes Mädchen. Es war wahrscheinlich auch ohne diese Zurechtweisung schon erschreckend genug für sie, eine Vollschwester betreuen zu müssen.

Nachdem man mich für den OP vorbereitet hatte, genoß ich es, die kurze Zeit bis 19.00 Uhr allein zu sein. Ich sprach kein Gebet im herkömmlichen Sinne. Ich dachte einfach in Gottes Gegenwart nach. Ich wußte, daß er bei mir war, obwohl ich ihn, wie so oft, nicht spürte. Immer wieder legte ich mich selbst in seine Hand und bat ihn, mir zu helfen und mich so anzunehmen, wie ich war. Weil ich vor anderen immer ein tapferes Gesicht aufsetzte, war es für mich schwierig geworden, mich selbst und was in mir vorging, zu verstehen.

Schon sehr bald, so schien es, wachte ich aus der Narkose auf. Ich kannte das Gefühl von früheren Operationen her: der Aufprall, wenn man vom Wagen gehoben und zurück ins Bett gelegt wird; der stechende Schmerz beim Husten; die Hilflosigkeit.

Plötzlich merkte ich, daß jemand neben mir stand.

»Kannst du mich hören, Jane?« Es war Richards Stimme. Ich grunzte und blinzelte ein wenig, aber die Augenlider waren noch viel zu schwer, um offen zu bleiben.

»Wie fühlst du dich?« Er war sehr freundlich.

»Gut, danke.« Mit krächzender Stimme gab ich wie gewöhnlich eine ausweichende Antwort – er würde wissen, wie ich mich fühlte; ihm brauchte ich nichts vorzujammern.

»Nun, ich – hmm – dachte, ich sollte mal bei dir vorbeisehen, um es dir zu sagen.«

»Was hast du gefunden?« Nach so einem langen Satz mußte ich am Ende tief Luft holen, was ich sofort bereute. Tiefe Atemzüge waren sehr schmerzhaft.

»Es – hmm – es war eigentlich nicht besonders gut.« Er klang ziemlich angespannt. »Bei einer akuten Infektion sammelt sich manchmal Flüssigkeit im Eileiter; und manchmal entsteht ein kleiner Eiterherd. Aber – hmm – du hattest einen offenen Eiterherd. Und der Eiter war nicht nur auf den Eileiter begrenzt. Er war überall im ganzen Becken.«

Ich schluckte. Es entstand eine Pause.

»Ich wußte, du würdest es kaum glauben können, darum wollte ich eine Aufnahme machen.« Er kannte meine Vorbehalte sehr gut. »Doch leider funktionierte die Kamera nicht – sie war kaputt. Du mußt einfach meinem Wort glauben.«

Doch die Wirkung seiner Aussage drang noch nicht ganz bis in mein Bewußtsein.

Dann fügte er hinzu: »Die nächsten fünf Tage werden

wir dir ständig intravenös Antibiotika geben.« Ich wußte, daß eine direkte Infusion in meinen Blutkreislauf eine sehr viel drastischere Methode war, die Infektion zu behandeln, als die Einnahme von Tabletten, die ich ja seit Mittwoch genommen hatte.

Jetzt merkte ich zum ersten Mal, daß Richard meine Krankheit sehr ernst nahm. Vielleicht brauchte ich jetzt keine Angst mehr zu haben, für einen Hypochonder gehalten zu werden, und konnte langsam dem vertrauen, was man mir sagte.

Richard verharrte immer noch neben mir. Er war sehr still, unruhig, ernst. So hatte ich ihn selten erlebt, nur gelegentlich, wenn er sich wegen eines jungen Patienten Sorgen machte, der Krebs hatte. Es war entsetzlich für ihn, wenn er Menschen nicht heilen konnte.

»Ich glaube, es ist besser, wenn ich Matthew anrufe und es ihm sage.« Er klang jetzt ein bißchen fröhlicher, weil ihm etwas Positives eingefallen war, das er tun konnte. Dann hielt er inne. »Ihr wißt ja, daß er dich jederzeit besuchen kann.«

Dieser letzte Satz, den er sagte, bevor er langsam zum Telefon ging, ließ mich etwas vom Ernst meiner Lage begreifen. Jemanden zu jeder Zeit im Krankenhaus besuchen zu dürfen war ein Privileg, das nur Verwandten von wirklich kranken Patienten vorbehalten war, aber nicht Patienten, die sich nur von einer Operation erholten, und ganz sicher nicht Hypochondern. Ich ließ diese Tatsachen nur sehr langsam auf mich einwirken, aber schließlich begriff ich doch, daß ich wirklich sehr krank war.

Da wurde ich richtig aufgeregt. Es erschien mir wunderbar, daß andere nicht meinten, ich würde wegen nichts und wieder nichts jammern und klagen. Ich empfand ein gewisses Maß an Glückseligkeit und so etwas wie Stolz, daß ich ein Ziel im Leben erreicht hatte: tapfer zu sein und den Kopf hoch zu halten.

Matthews Besuch gab mir noch einen Grund mehr, mich gerechtfertigt zu fühlen. Es muß ihm merkwürdig erschienen sein, daß ich ein psychisches Hoch erlebte, obwohl ich mich in einem körperlichen Tief befand. Als er kam, lag ich ganz still im Bett, und zur Abwechslung war ich mal ganz passiv. Ich öffnete kaum die Augen und sagte nichts.

Sanft streichelte er meine Hand. »Richard hat mich gestern abend angerufen«, erklärte er beherrscht.

Ich nickte. »Das hat er mir gesagt.«

»Er hat mir erzählt, daß er sich nicht vorstellen konnte, wie du es gestern geschafft hast, für die Untersuchung die Treppen hoch und in die Station zu gehen.« Ich lächelte. »Er war fassungslos. Er sagte: ›Wenn Sie oder ich in dieser Lage gewesen wären, Matthew, dann hätte man uns auf einer Trage hineinbringen müssen!‹«

Ich glühte innerlich vor Stolz. Vielleicht hatte ich das gleiche Gefühl wie vor vielen Jahren, als ich meinen Brüdern bewiesen hatte, daß ich tapfer sein und gefährliche Dinge tun konnte, wie zum Beispiel bis in die Krone des Birnbaums zu klettern.

Matthew fuhr fort: »Er hat auch erklärt, daß er nie mehr deinem Gesicht trauen würde, wenn es dir nicht gut geht. Du siehst so fröhlich aus, und du bemühst dich so sehr, normal zu erscheinen, daß du es damit allen schwer machst, deine wahre Verfassung zu erkennen.«

Ich lächelte wieder und freute mich über Matthews Verständnis. Als ich die Augen öffnete, sah ich Sorgenfalten auf seinem Gesicht.

»Ich bin froh, daß er dich anscheinend endlich durchschaut hat. Aber . . .« Er hielt meine Hand noch fester. Er war sehr beunruhigt. »Meine liebe Jane. Er macht sich offensichtlich Sorgen um dich. Er hat gesagt, daß du schwer krank bist.« Seine Stimme brach ab.

Eine Zeitlang schwieg ich. »Ich weiß«, war alles, was ich dazu sagen konnte.

Psychisch fühlte ich mich aufgrund meiner neuen Freiheit, nicht als Hypochonder zu gelten, heiter gestimmt, körperlich war ich jedoch weit davon entfernt, mich wohl zu fühlen. Und so sollte es auch bleiben.

Die ersten fünf Tage der intravenösen Behandlung mit Medikamenten gingen vorüber. Die Zeit ließ sich nach dem beständigen Tropfen meiner intravenösen Infusionen messen. Doch selbst diese hohe Dosis zweier verschiedener Antibiotika brachte nicht die entscheidende Verbesserung, die alle erwartet hatten. Aus den Tagen im Februar wurde eine ganze Woche, ja, sogar ein ganzer Monat. Aus März wurde April. Ostern rückte näher, und ich lag immer noch in demselben Bett, in demselben Krankenhaus. Vielleicht sah ich auch noch genauso aus, aber ich wurde ständig schwächer.

Und ich wurde immer passiver. Zum Aufsetzen mußte man mich ermuntern und mir helfen, weil ich nur noch wenig Schwung hatte, aufzustehen und zu beweisen, daß ich mich wirklich um Fortschritt bemühte. Zum Essen mußte man mir gut zureden. Die Krankenschwestern mußten mir Getränke einschenken und sie mir reichen, um meinen Flüssigkeitsbedarf zu decken. Die Bettpfannen mußten mir gebracht werden, da ich nicht von mir aus danach verlangte. Ich konnte weder genügend Energie aufbringen, ein Buch zu halten, noch die Konzentration, es zu lesen. Mein einziger Lichtblick waren Schmerzmittel, die mir kurzzeitig Erleichterung verschafften, aber selbst diese Ruhepausen wurden durch die Angst vor den Nebenwirkungen vergiftet.

Meine Lebensgeister begannen zu schwinden. Bisher hatte ich noch nie schnell aufgegeben, aber jetzt war in mir keine Kraft zum Kämpfen mehr übrig. Zwei- oder dreimal durfte ich für einige Tage nach Hause, um mich moralisch wieder aufzurichten und neuen Lebensschwung zu finden. Jedesmal mußte ich nach etwa einer Woche wieder ins

Krankenhaus zurück, um schmerzstillende und übelkeitsbekämpfende Injektionen zu bekommen. Medizinisch konnte man kaum mehr für mich tun. Ich war vollgepumpt mit Medikamenten, Vitaminen und sogar mit Sherry, ein besonderer Service des englischen Gesundheitsdienstes! Trotzdem blieb ich blaß, lustlos, ohne Interesse, krank und hatte Schmerzen – mehr Schmerzen, so fürchtete ich, als ich auf Dauer ertragen würde. Immerzu litt ich an Schmerzen.

Während eines meiner Kurzaufenthalte außerhalb des Krankenhauses blieb ich bei Tina, einer Dozentin von Matthews College. Im Krankenhaus hatte ich mich danach gesehnt, näher bei Matthew und in der wunderbar umsorgenden Gemeinschaft seiner Studienkollegen zu sein.

Seit ich im Februar ins Krankenhaus eingeliefert worden war, gab es eine Gruppe von Menschen, die sich jeden Montag zum Gebet traf. Sie und andere suchten den Kontakt zu mir durch Besuche, Briefe oder durch Nachrichten, die sie mir über Matthew zukommen ließen. Die Liebe Gottes war unter diesen vielen Leuten vom College deutlich sichtbar, und ich wollte so viel wie möglich davon aufnehmen. Die Atmosphäre war ganz anders als im Krankenhaus. Nach einiger Überredung hatte Richard zugestimmt, mich Tinas Obhut zu überlassen.

Arme Tina. Ich bin mir nicht sicher, ob sie wußte, auf was sie sich da eingelassen hatte. Für mich war die Zeit bei ihr wie eine geistliche Oase, wo ich Trost und Liebe auftanken konnte. Aber in jeder anderen Beziehung sank ich tiefer und tiefer.

Weil Matthew und ich nun näher beieinander waren, merkten wir deutlicher, wie sehr ich mich verändert hatte. In Tinas Wohnung wurden wir beide damit konfrontiert, wie sehr meine Schmerzen die Ausdrucksformen unserer Beziehung belasteten. Ruhige, vertrauliche Gespräche konnten wir nicht mehr führen, weil uns die unausgesprochene Anspannung meiner Krankheit daran hinderte, völlig gelöst zu sein; und jeder körperliche Ausdruck unserer Beziehung war natürlich vollkommen ausgeschlossen.

Ich fragte mich langsam, ob Matthew schon einmal auf den Gedanken gekommen war, wieviel leichter alles für ihn wäre, wenn er eine andere Frau geheiratet hätte. Ich fragte ihn, was er tun würde, falls ich sterben müsse. Jedesmal, wenn ich diese Frage stellte, sprach er von seiner Rückkehr nach Sarawak auf Borneo, wo er früher einmal gelehrt hatte. Wir wußten beide, daß er sich diesen Wunsch auf Grund meiner Krankheitsgeschichte nie würde erfüllen können.

Zweifel keimten in mir auf. Wäre es für Matthew nicht besser, wenn ich sterben würde? Natürlich würde er trauern – aber er würde darüber hinwegkommen. Und würde er letztlich nicht freier sein, wenn er durch mich und meine Schmerzen nicht mehr belastet wäre?

In meinen schlaflosen Nächten grübelte ich darüber nach, welche Belastung ich für andere war. Ich kam immer zu derselben Schlußfolgerung. So sehr ich mich auch bemüht hatte, mein Leben mehr als Gabe und weniger als Last zu betrachten, ich hatte versagt. Ich war sicher, daß ich eher eine Last als eine Gabe war.

Dabei dachte ich auch an Tina und die anderen, die mich besuchen mußten. Ich konnte nicht erkennen, daß sie selbst etwas durch mein Leben lernen konnten.

Ich war nichts als eine Last – sogar für mich selbst. Ich hatte so lange gekämpft, daß ich allmählich des Lebens müde und überdrüssig wurde. Eines Tages, bei Tina, gab ich schließlich alle Hoffnung auf.

Der Grund dafür war ein Telefongespräch mit dem Krankenhaus, wo ich anrief, weil ich Hilfe brauchte. Ich mußte Richard sagen, daß ich die entsetzlichen Schmerzen nicht länger ertragen konnte. Aber ich konnte nicht mit Richard selbst, sondern nur mit einer anderen Krankenschwester, Pat, sprechen, die sehr verständnisvoll zuhörte. Sie nahm meine Nachricht auf und versprach, zurückzurufen.

Die Stille in Tinas Wohnung wurde von Pats Rückruf unterbrochen. Es kostete mich viel Anstrengung, den Telefonhörer zu erreichen und ihn hochzuheben.

»Jane?« Pats Stimme war sehr sanft.

»Ja, hallo.« Mein Tonfall war so heiter wie immer. »Was hat Richard gesagt?«

»Er sagte: ›Halte durch.‹«

»Aber Pat, ich habe angerufen, weil ich keine Kraftreserven mehr habe.«

»Nun, er sagte, wenn die Dinge wieder so schlimm liegen wie im Februar, sollen Sie sich wieder an ihn wenden.«

Ich überlegte, wie ich mich klarer ausdrücken konnte. »Die Dinge *sind* wieder so wie im Februar. Ich fühle mich sogar noch schlechter. Und ich habe jetzt keine Kraft mehr, um weiterzumachen.«

»Geht es Ihnen so schlecht, Jane?« Pat wollte sich vergewissern, ob sie es richtig aufgefaßt hatte. »Wissen Sie noch, wie schwer krank Sie damals waren?«

Das wußte ich noch sehr gut. »Pat, ich bin verzweifelt.«

»Warten Sie. Ich werde Sie noch mal zurückrufen.«

Ich wußte, daß sie Richard jedesmal während seines arbeitsreichen Mittwochvormittag-Programms bei Patienten stören mußte. Normalerweise hätte ich ihm jetzt geholfen. Ich wußte, wie sehr er Unterbrechungen haßte. Sie mußte sehr diplomatisch vorgegangen sein.

Ich kniete mich auf den Boden in Tinas Flur und legte mich dabei über das niedrige Tischchen, während ich zum zweiten Mal wartete. Es war mir zu mühsam, mich unbeholfen zu einem bequemen Stuhl hinzubewegen. Außerdem wäre sowieso kein Stuhl bequem gewesen – kein Stuhl, kein Bett, überhaupt keine Lage. Ich konnte nicht entkommen.

Pat brauchte nicht lange. Dieses Mal klang ihre Stimme zwar immer noch sanft, aber auch angespannt.

»Ich habe noch mal mit Richard gesprochen und ihm genauer erklärt, wie es Ihnen geht.« Sie zögerte. »Er sagte, Sie sollten wissen, daß Sie jederzeit ins Krankenhaus kommen können. Tag und Nacht, um etwas gegen die Schmerzen zu bekommen.«

Ich traute meinen Ohren nicht. Ich bekam Anweisungen, die wir nur Patienten im Endstadium einer Krankheit gaben. Wir sagten das, wenn keine Aussicht auf Heilung mehr bestand.

Keine Gefühlsregung lag in meiner Stimme, als ich fragte: »Hat er sonst nichts gesagt? Kann er sonst nichts mehr tun, Pat?«

Pat wählte ihre Worte offensichtlich sehr sorgfältig. »Er sagte, er könne nichts Positiveres mehr tun.« Dann fügte sie hinzu: »Er fühlte sich sehr hilflos, und es tat ihm sehr leid.«

Ich legte den Hörer zurück auf die Gabel. Das war's also. Ich schleppte mich ins Wohnzimmer. Mein Kopf war völlig leer und taub, mit Ausnahme der Worte: »Er kann nichts mehr tun ... er kann nichts mehr tun.«

Ich weiß nicht mehr, an wie vielen Leuten ich im Lauf des Tages vorbeistarrte. Es war, als hätte man mir ein Narkotikum gegeben, das mich völlig betäubte, obwohl ich nicht schlief.

An einen Besucher kann ich mich jedoch erinnern. Matthew war gerade bei mir, als Colin Buchanan, der College-Direktor, kam. Er schien sehr scheu zu sein, ein Mann, der für Plaudereien in seinem arbeitsreichen Leben wenig Zeit hatte, aber während meiner Krankheit hatte er sich wunderbar verhalten und mich oft im Krankenhaus besucht. Ich war sehr dankbar dafür, obwohl ich so viel Respekt vor ihm hatte, daß ich ihm meine tiefsten Empfindungen nicht ohne weiteres mitteilen wollte, aus Furcht, er würde sie ziemlich trivial finden.

Colin fragte mich nach meinem Befinden. Meine Antwort, so dachte ich, war angemessen objektiv. Ich sagte ihm nicht, wie es mir emotional ging; ich zog es vor, ihm Fakten zu nennen. Ich erzählte ihm von dem Telefongespräch am Morgen.

Colin saß lange Zeit da und hielt seinen starren Blick auf mich gerichtet, bis er schließlich fragte: »Bedeutet das, daß Sie sterben müssen, Jane?«

Ich erschrak. »Wie bitte?« fragte ich, um Zeit zu gewinnen, damit ich die ganze Tragweite dieser unerwarteten Frage überdenken konnte. Mir war sehr unbehaglich zumute. Ich war vertrauliche Gespräche mit Colin nicht gewohnt, und er rührte damit an einen entscheidenden Punkt. Ich hatte schreckliche Angst, ich würde zu weinen anfangen – mein tapferes Ich wollte gerade vor Colin nicht als Heulsuse dastehen. Und was würde Matthew denken? Es war mir ausgesprochen peinlich, daß er da war und zuhörte. Wie konnte Colin es wagen, so direkt zu sein?

Nachdem er die Frage wiederholt hatte, wußte ich, daß er eine Antwort erwartete. Ich sah Matthew an. Mit Erleichterung stellte ich fest, daß er nicht überrascht war. Ich versuchte, seinem Beispiel zu folgen und ruhig zu bleiben.

»Ich glaub schon . . . ja.«

Colin blieb bei uns, leistete uns seelsorgerlichen Beistand und betete mit uns. Seine Hilfe werde ich nie vergessen. Er hatte mich gezwungen, mich der wichtigsten Frage zu stellen. Er half mir, sie zu beantworten – zusammen mit Matthew.

Aber an diesem Nachmittag, nach dem zweiten Telefongespräch mit Pat, schien eine Tür zuzuschlagen. Plötzlich konnte ich nicht mehr weitergehen. Gott forderte zuviel von mir.

Mein Körper war für mich selbst eine zu schwere Bürde geworden. Es konnte nichts mehr getan werden, und Richard tat es sehr leid. Mit Colins Hilfe waren wir meinem

Sterben gegenübergetreten. Jetzt konnte ich das Warten nicht mehr ertragen.

Dies war mein Gethsemane. Bald würde ich mich dem Tod stellen müssen. Doch das Leiden, das ich hinnehmen mußte, während ich darauf wartete, war mehr, als ich ertragen konnte. Zu viel wurde von mir gefordert. Ich hatte noch die große Packung Tabletten, die mir Richard im Februar verschrieben hatte, mit seiner »witzigen« Anmerkung, sie nicht alle auf einmal zu nehmen. Würde es mir, Matthew, Tina, Colin und den anderen am College nicht helfen, wenn ich die Dinge einfach beschleunigte? Wäre es nicht besser, ein schönes Happy-End zu haben, als diese scheinbar endlosen Schmerzen weiter zu ertragen?

»Tina!« schrie ich mitten in der Nacht, so laut ich konnte, als die Versuchung unerträglich wurde.

Und zu Gott flüsterte ich weinend: »Laß diesen Kelch an mir vorübergehen . . .«

Das Geheimnis des Leidens

Nicht mein, sondern dein Wille geschehe. (Lukas 22,42)

Ich war am Ende meiner Kräfte und entdeckte dabei, daß »Kämpfen« keine Lösung für das Problem persönlichen Leidens war. Es kam ein Punkt, an dem mir meine Entschlossenheit nicht mehr länger weiterhalf. Ich mußte mich mit der Tatsache abfinden, daß im Leiden ein Geheimnis lag, und ich mußte dieses Geheimnis in seinen Tiefen ergründen.

Hätte Tina mir für das Geheimnis des Leidens, mit dem ich in dieser Nacht in Berührung kam, »Lösungen« präsentiert, hätte ich es nie so ganz verstanden, wie es mir schließlich gelang.

»Ich darf es nicht, oder?« Selbst in den Tiefen meiner Qual regte sich in mir die Gewißheit, daß nicht mein, sondern Gottes Wille geschehen sollte.

Tinas Lockenwickler wippten energisch an ihren Haarspitzen auf und ab. Ihre stattliche Oberweite hob und senkte sich ziemlich atemlos, und ihr Blick schärfte sich, um die Szene zu erfassen: ein Eimer neben meinem Bett, falls ich wegen einer Überdosis hätte brechen müssen, ein Handtuch, das säuberlich über dem Bettuch lag, damit ich keine Schweinerei machte, und mich, wie ich die Packung mit den Tabletten an mich preßte.

Schnell kam sie zu mir, kniete sich neben mein Bett und nahm meine beiden Hände in ihre.

»Hast du etwas davon genommen?« Ihre Stimme war ernst; sie hatte sofort die Bedeutung von dem, was sie sah, begriffen.

Ich schüttelte den Kopf.

Ich konnte in dem Moment nicht sprechen. Worte erschienen trivial und unpassend; zu seicht, um den Abgrund zu beschreiben, den ich erlebte. Es war, als ob mich meine Leidenserfahrung durch ein Fenster sehen ließ, hinter dem eine ganze Welt lag. Und die Welt, die ich in dieser Nacht sah, war das Geheimnis des Leidens.

Als Tina neben mir kniete, spürte ich, wie durch die wortlose Verbindung mit ihr Wärme in meine Gefühllosigkeit gegenüber dem Leben strömte. Wenn ich sonst schon nichts spürte, war ich doch wenigstens froh, daß ich nicht allein war, während meine Augen diese riesige, geheimnisvolle Welt erblickten. Vermutlich sah sie dasselbe Bild wie ich.

Schließlich begann ich zu sprechen. »Gott verlangt zuviel von mir.«

Das Mitgefühl in Tinas Augen erlosch nicht. Mit Erleichterung stellte ich fest, daß sie mich nicht verurteilte. Sie schien meine Schmerzen und Ängste sogar so vollkommen zu verstehen, daß sie begriff, ich wollte keine Lösung dafür. Das Fenster, durch das wir beide sahen, deutete auf das Unendliche, das Unlösbare. Wenn wir versucht hätten, mit unserem endlichen Verstand eine Lösung zu finden, hätten wir das, was wir sahen, verleugnet.

»Wie kann er es nur zulassen, daß diese Schmerzen so lange dauern? Wie kann ich ihm klarmachen, daß es zuviel ist?« Tränen begannen über meine Wangen zu laufen; Tränen der Angst, aber auch der Erleichterung, weil ich nicht zurückgewiesen wurde, obwohl ich solche harten Fragen ausstieß.

Langsam und sehr sanft begann Tina zu sprechen. Ihre Stimme war sehr weich, fast ein Flüstern. Meine Hände hielt sie weiter in ihren Händen.

»Ich weiß es nicht«, war ihre sanfte Antwort, als mein Schluchzen allmählich nachließ. Sie wußte, daß ich eigentlich nicht sie fragte; ich schrie zu Gott. Ich versuchte, eine Erklärung über sein Verhalten von ihm zu fordern.

Sie muß gewußt haben, daß es mich vernichtet hätte, wenn sie angesichts meiner Schwachheit starke Worte gebraucht hätte. Sie war sich bewußt, daß wir beide unter Gottes Gnade und seiner Führung standen. Sie war nicht stolz darauf, daß sie nicht dorthin geführt worden war, wo ich stand; sie wußte, dasselbe hätte auch für sie gelten können, wenn Gott es gewollt hätte.

»Ich verstehe ihn nicht«, sagte sie weich. »Von manchen Menschen scheint er manchmal schrecklich viel zu verlangen.« Sie blickte auf ihre Hände und schwieg. Offensichtlich erinnerte sie sich an eine Zeit, in der Gott ihr hart erschienen war.

Es herrschte Stille zwischen uns. Ich merkte, daß es für Tina schwer war, mit der Erinnerung an ihr Leiden fertigzuwerden, durch was es auch immer verursacht worden war. Aber ihre Sanftheit mir gegenüber zeigte mir, daß sie das Leid angenommen hatte, auch wenn man diese Haltung immer wieder erreichen muß, sobald man das Erlittene in der Erinnerung neu durchlebt. Während dieser Momente des liebevollen Mitleidens führte mich Tina – beinahe ohne sich dessen bewußt zu sein – zu einer sehr wichtigen und heilsamen Einsicht. Ich – von Natur aus ein Kämpfer – erkannte langsam, daß Gott mir die Kraft geben wollte, nicht gegen seinen Willen zu kämpfen, sondern ihn vollständig anzunehmen. Auf diese Weise verstand ich allmählich einen wesentlichen Aspekt im Geheimnis des Leidens.

Zum ersten Mal in dieser Nacht legte ich mich auf die Kissen zurück. Langsam begann die innere Spannung durch das Mitgefühl, das durch Tinas Worte klang, nachzulassen. Als sie mir nach und nach ihre Geschichte erzählte, erkannte ich: Sie war nicht überrascht, mich am Ende meiner Kräfte zu sehen. Sie war auch an diesem Punkt gewesen. Es tat mir gut, daß mich ein anderer Mensch ins Innerste seiner Leidensgeschichte mitnahm. Das war wahres Mitleid: mit-leiden. Sie konnte die Last meines Leides mit mir tragen, weil sie selbst schon ähnliches erlebt hatte. Weil sie selbst vor den harten Fragen, die sich ihr gestellt hatten, nicht davongelaufen war, konnte sie auch denen standhalten, die in mir brannten.

Es war nicht so sehr die Geschichte selbst, die mich berührte, sondern die Art, wie sie sie erzählte. Ihre vollkommene Ruhe zeigte mir, mehr als jedes Wort, daß sie mich in meiner Verzweiflung ganz angenommen hatte. Sie bot mir die gleiche Möglichkeit der Annahme an, die sie für sich gefunden hatte. Sie wußte, daß sie Gottes Weisheit nie ganz verstehen würde. Deswegen hatte sie einige Fragen offengelassen. Sie akzeptierte das Geheimnis meines Leidens.

Je mehr ich zuhörte, desto ermutigter fühlte ich mich. Nicht, daß ich mich freute, daß sie so viel gelitten hatte; es lag auch kein besonderer Trost darin, daß ich nicht der einzige Mensch war, der Gethsemane erlebt hatte. Die Quelle meiner Ermutigung war die Erkenntnis, daß meine Gefühle nicht schrecklich unchristlich waren. Wenn Tina auch in ähnliche Tiefen der Verzweiflung geführt worden war, dann brauchte ich mich selbst vielleicht auch nicht zu verurteilen.

Mir ging plötzlich auf, daß wahrscheinlich sehr viele Menschen ähnlich stark leiden, aber sie wagen einfach nicht, darüber zu sprechen, aus Angst, ein Unverständiger könnte dieses ureigene, persönliche Erlebnis mit leichtfertigen Worten wegwischen.

Bevor Tina mich für die letzten, wenigen Stunden der Nachtruhe verließ, betete sie mit mir. Sie bedrängte mich nicht mit pietätvollen Worten. Sie sprach langsam, fast zögernd, denn sie respektierte den persönlichen Bereich zwischen mir und Gott, und es war ihr bewußt, daß sie ihn betrat.

In völliger Stille suchte sie mit mir gemeinsam den Willen Gottes. Sie bat Gott, daß ich ihn *im* Leiden erkennen möge, falls er mich nicht *vom* Leiden erlösen würde, wie es ganz den Anschein hatte.

Ihr Gebet hätte nicht treffender sein können. In dieser Situation hätte der Kampf um die Befreiung vom Leiden den Verlust meiner Verbindung zu Gott bedeutet. Das Leiden anzunehmen hieß dagegen, Gottes Gegenwart zu finden, die liebevolle Gegenwart, die uns immer umgibt, selbst in der harten Realität des Leidens.

Der folgende Tag zog strahlend schön herauf. Der Himmel war blau und wolkenlos und die Frühlingsluft frisch und klar. Während ich auf Matthew wartete, der auf seinem Weg zum College hereinschauen wollte, überraschte ich mich selbst dabei, wie ich es genoß, zum Zeitvertreib den Vögeln draußen in den Bäumen zuzusehen. Sie kämpften sich nicht durchs Leben. Sie lebten einfach weiter und beschäftigten sich zufrieden mit den alltäglichen

Dingen. Sie sangen und zwitscherten; sie flogen von einem Ast zum anderen, um etwas Neues zu sehen; sie suchten auf der Wiese nach Würmern; sie schwangen sich sorglos hoch hinauf in die Lüfte. Sie fragten nicht danach, wie lange sie noch leben würden. Wenn Schwierigkeiten auftraten, überwanden sie sie entweder, oder sie starben. Aber sie fühlten sich deswegen nicht überlastet. Vielleicht sollte ich von ihnen lernen.

Meine Betrachtungen wurden auf willkommene Art unterbrochen, als sich die Tür öffnete. Matthew wußte zuerst nicht, warum ich mich so fieberhaft an ihn klammerte, als ich ihn sah. Ich zeigte damit meine Absicht, am Leben in dieser Welt festzuhalten.

Nach und nach wagte ich es, ihm gegenüber Andeutungen über das Geschehene zu machen. Seine verständnisvolle Reaktion half mir, die ganze Geschichte meiner Versuchung vor ihm auszubreiten. Er schwänzte die erste Stunde, um unsere gesegnete Zeit miteinander zu verlängern, in der wir schweigend unsere gegenseitige Treue und Bindung neu bekräftigten. Der Trost, den Matthew – und später auch andere – mir spendeten, war wie ein Rettungsring. Wie sehr brauchte ich ihre Liebe und ihre Bereitschaft, mich nicht zu verurteilen! Schon seit Jahren hatte ich in meinem Inneren gespürt, daß ich nicht noch mehr tragen konnte, aber in der Realität hatte ich keine Wahl.

Von anderen beruhigt und angenommen zu werden, tröstete mich. Und Trost machte Mut. Dadurch gestärkt, erlebte ich eine Art Durchbruch. Von diesem Zeitpunkt an wuchs ich tiefer und tiefer in die Bereitschaft hinein, den Willen Gottes anzunehmen, wie schwer es auch sein mochte.

Der Geist des Friedens, der trotz meines immer noch kritischen Krankheitszustandes tief in meinem Inneren aufbrach, wurde auch von anderen bemerkt, und sie sprachen mich darauf an. Als die Woche bei Tina zu Ende ging, schloß das College über Ostern. Ich wollte sehr gern zum Abendmahl am Gründonnerstag abend gehen. Ich wollte unter den vielen mitfühlenden Menschen sein, die mich die langen Monate im Gebet getragen hatten.

Die wenigen Meter von Tinas Appartment auf dem College-Gelände zur Kapelle waren eine Strapaze, aber ich wollte die Anstrengung auf mich nehmen. Ich weiß noch, daß Caroline mir beim Anziehen half, weil ich sogar dafür zu schwach war. Als ich erst einmal draußen war, stützte ich meinen schwachen Körper auf einen hilfreichen Arm. Jeder Schritt war ein Willensakt: ›Du mußt es nur bis zu diesem Geländer schaffen. Geh dorthin. Und halte nicht an.‹

›Stütz dich einen Moment auf den Türgriff und ruh dich aus, geh dann weiter. Du mußt es bis zur nächsten Tür schaffen, bevor du wieder Pause machst. Zwing dich dazu. Du darfst deinen Schwung nicht verlieren.‹

Ich erinnere mich noch, daß mir jemand eine Tür aufhielt, der zwar gewußt hatte, wie krank ich war, mich aber nicht besucht hatte. Als ich durch die Tür ging, erstarrte sein Gesicht plötzlich. Ich muß immer noch lachen, wenn ich ihn mir vorstelle, wie er buchstäblich einen Satz machte und dabei die Hacken zusammenschlug, als er mich sah. Beinahe hätte er salutiert. Wäre er durch die plötzliche Nähe zum Tod, mit dem er durch mich konfrontiert wurde, nicht so erschrocken gewesen, hätte ich ausgesprochen, was ich dachte: »Keine Sorge, noch liege ich nicht im Sarg!«

Als ich mich der Kapelle näherte, standen die Türen offen, und ich konnte das einladende Summen der Gespräche vor dem Gottesdienst hören. Vor zwei Monaten hatte ich das letztemal an einem Gottesdienst teilgenommen, und freudige Erregung packte mich. Obwohl die schreckliche Nacht mit Tina erst 48 Stunden zurücklag, wußte ich, daß ich neuen Frieden gefunden hatte. Dieser Friede war sicher höher als alle menschliche Vernunft, denn menschlich gesehen hatte sich nichts verändert. Ich hatte keinen Grund, Frieden zu haben, denn ich war weder der Hoffnung auf Heilung noch der Erlösung durch den Tod näher gekommen, noch hatte ich ein Zaubermittel, das die Schmerzen und die Übelkeit linderte. Trotzdem war ich ganz und gar mit Gottes Frieden erfüllt.

Ich spürte sogar eine Art Freude; und die Ausstrahlungskraft dieser Freude verband sich mit einer großen Liebe gegenüber jedermann. Ich fühlte mich von meinem Herrn reich beschenkt.

Der erste, den ich nach dieser Entdeckung sah, war John. Als ich das Gesangbuch aus seiner ausgestreckten Hand entgegennahm, merkte ich, daß er mich genau betrachtete. Ich strahlte ihn an, aber selbst in diesem Moment, das weiß ich noch, dachte ich, auch das stärkste Lächeln könne die Freude in mir nicht widerspiegeln.

Jahre später erfuhr ich, daß John nach dem Gottesdienst nach Hause gerannt war und seiner Frau aufgeregt erzählt hatte: »Ich habe Jane Grayshon gesehen! Und ich habe in ihr Gesicht geschaut! Ich wußte vorher nicht, wer sie war, aber ich habe sie sofort erkannt. Sie ging zwar stark gebeugt – aber ihr Gesicht! Es leuchtete. Sie hatte eine ungeheure Ausstrahlung. Während des ganzen Gottesdienstes mußte ich sie deswegen ständig ansehen!« Dieses Erlebnis inspirierte ihn zu einem wunderschönen Gedicht.

Diese Freude kam aus einem tiefen Frieden. Ich war bereit, Gottes Weg für mich anzunehmen. Ich hatte einen Punkt erreicht, wo sogar mein Unterbewußtsein zustimmte. »Nicht mein, sondern dein Wille geschehe, o Herr.«

Doch dieses Jasagen war keine passive Unterwerfung unter das Unabänderliche. Ich hatte vor Gottes Willen nicht resigniert. Statt dessen hatte ich etwas viel Positiveres getan. Langsam fing ich an, Gottes Willen vollständig anzunehmen, und als Folge daraus entdeckte ich, daß selbst in meinem Leiden eine kostbare Frucht zu wachsen begann.

Die folgenden beiden Monate waren eine harte Probe für diese Bereitschaft. Im wesentlichen änderte sich nichts. Es war, als ob meine Welt stillstand; als ob Gott die ganze Situation vor mich hinlegte und fragte: »Willst du meinen Willen immer noch annehmen, Jane? Oder akzeptierst du meinen Willen nur, weil du hoffst, daß sich die Situation dadurch ändert? Wie lange hältst du um meinetwillen aus? Solange ich es wünsche, oder solange deine Geduld noch nicht am Ende ist?«

Aber mein Vertrauen in meinen Herrn schwankte nicht noch einmal. Ja, als der April und der Mai vorübergingen, nahm meine Bereitschaft, seinen Willen anzunehmen, noch zu.

Während dieser Zeit des Stillstands, in der es mir zwar nicht besser, aber auch nicht schlechter ging, hörte eine junge Frau aus dem Gebetskreis mich sagen, daß nur die Sonne auf den Bahamas mir helfen würde. Ein Gedanke hatte sich damit in ihrem Kopf festgesetzt.

Ungefähr zehn Ehepaare trafen sich jede Woche zum Gebet, alles Studenten, die von ihrer mageren Studienbeihilfe lebten. Aber sie wollten für Gottes Willen offen sein. Sie waren bereit, etwas Praktisches für mich und Matthew zu tun, und nicht »nur« zu beten.

Eine Woche, nachdem ich diese Bemerkung über die Bahamas fallengelassen hatte, wurde mir ein Umschlag überreicht. Ich sah, daß es eine Karte war, eine von ungefähr neunzig anderen, die mir alle zeigten, daß Freunde sich um mich kümmerten und an mich dachten. Ich legte den Umschlag auf den Tisch neben meinem Bett. Ich wollte erst Carolines Besuch genießen und freute mich darauf, ihn später zu öffnen, wenn Caroline gegangen war.

»Machst du ihn nicht gleich auf?« Carolines Stimme klang beinahe verletzt, aber ihre Augen funkelten vor Aufregung.

»Ach . . . na gut«, stimmte ich zu. Mühsam schlitzte ich den Umschlag auf und zog die Karte heraus.

Etwas glitt dabei aus dem Umschlag und fiel auf meine Bettdecke, zusammen mit einer 10-Pfund-Note. Ich nahm das Geld und hob den anderen Zettel auf, der herausgefallen war. Es war ein Scheck. Ich drehte ihn um und las: »Nur vierhundertzehn Pfund.«

Ungläubig starrte ich auf die Worte. Caroline vollführte beinahe einen Freudentanz auf meinem Bett. Sie wußte um die wunderbare Freiheit und Freude des Gebens, wenn Gott dazu auffordert. Weder sie noch die Gruppe hatten Veranstaltungen organisiert, um Geld zu sammeln. Sie haben Gott um Hilfe für mich gebeten; sie hatten auf sein Reden gewartet; und jetzt reagierten sie auf seine Antwort und gaben das, was sie für richtig hielten. Sie hatten es fertiggebracht, ein Geschenk, das Matthews Mutter uns liebevollerweise versprochen hatte, zu verdoppeln.

»Ihr könnt euren Urlaub in der Sonne haben!« rief Caroline ungeduldig, weil ich verblüfft schwieg. Sie quietschte beinahe, so groß war ihre Freude, etwas schenken zu können.

Ich konnte noch gar nicht richtig glauben, welches Geschenk man uns gemacht hatte, als Colin wieder einmal hereinschaute. Er kam ungefähr zweimal täglich und zeigte damit seine beständige Treue und Unterstützung.

Ich reichte ihm den Umschlag.

Er kniete sich auf den Boden neben mein Bett, so wie es Tina getan hatte. Jetzt war es an ihm, still zu sein. Seine Augen wurden feucht, als er die Liebe und die Einsatzbereitschaft meiner christlichen Freunde sah.

Als andere von dem Scheck hörten, beteiligten sie sich auch mit einer Gabe, die sie sich im Gebet hatten zeigen lassen, bis wir schließlich einen richtig langen Urlaub machen konnten.

»Wenn du nichts weiter tun kannst, als herumzuliegen, dann mach das – aber in der Sonne«, sagten sie zu mir.

Also taten wir es. Nachdem wir einige Prospekte durchgeblättert hatten, flogen wir ab. Wir hatten uns eine winzige Insel achtzig Kilometer von Madeira entfernt ausgesucht, mit nur einem Hotel und einem langen, weißen Sandstrand. Das war meine längste Zeit außerhalb des Krankenhauses. Wir fühlten uns frei – frei von unserer Krankenhausroutine, den Besuchszeiten und den Telefonanrufen von besorgten Verwandten. Fast zwei Wochen lang waren wir zusammen, nur wir beide!

Matthews größtes Problem war jetzt, mich vom Schwimmen abzuhalten! Meine angeborene Liebe zum Wasser und zum Sport, zusammen mit dem verführerisch türkisblauen, warmen Wasser, waren beinahe stärker als mein gesunder Menschenverstand. Ich hatte körperlich nicht genügend Kraft, um sicher zu schwimmen, deswegen mußte ich mich mit kurzen Bädern zum Abkühlen zufriedengeben.

Meine goldbraune Hautfarbe verlieh mir ein sehr gutes Aussehen. Aber die Ruhepause von den Schmerzen sollte nicht lange dauern.

Im Mai begleitete ich Matthew ins College. Der Empfang bei unserer Rückkehr war wunderbar. Für einige war es, als wäre ich von den Toten auferstanden, denn das letzte Mal, als sie mich blaß und zusammengesunken erlebt hatten, war während des Abendmahlsgottesdienstes vor den Osterferien gewesen.

»Jane, Sie sehen ja viel besser aus! Großartig sehen Sie aus!«

Manche ließen sich noch mehr irreführen. »Es *geht* Ihnen ja viel besser«, sagten sie. Vielleicht erkannten weder sie noch ich, wie sehr meine intensive Hautfarbe von der Sonne über meinen inneren Zustand hinwegtäuschte.

»Sie sehen immer noch strahlend aus, Jane. Wie geht es Ihnen denn?« Diese Art Fragen wurde von denen gestellt, die sich ein bißchen mehr Zeit nahmen, sich nach meinem Befinden zu erkundigen, anstatt davon auszugehen, daß mein Äußeres mein Befinden anzeigte.

Und die Leute, die wußten, daß ich einen kleinen Scherz gern hatte, grinsten: »Na, du ziehst doch hoffentlich eine weiße Bluse an, um deine Bräune noch mehr zu betonen.« Als Antwort zwinkerte ich ihnen zu. Ja, ich mußte zugeben, daß ich es genoß, von so vielen beneidet zu werden.

Es war nur ein paar Tage später, ich trug wieder eine weiße Bluse, als unsere Hoffnungen auf eine allmähliche Rekonvaleszenz plötzlich zerschmettert wurden.

Während eines Donnerstagabend-Gottesdienstes in der College-Kapelle merkte ich, daß die Unterleibsschmerzen viel schlimmer wurden. Wenn man starke Schmerzen hat, kann man oft schwer sagen, wann sie leichter oder stärker werden – Schmerzen sind immer schlimm! Aber an diesem Donnerstagabend bestand kein Zweifel daran, daß sie sehr viel stärker wurden.

Ich widerstand zunächst der Versuchung, es Matthew zuzuflüstern. Ich glaubte nicht, daß wir die Kapelle verlassen konnten, falls er das vorschlagen würde. Statt dessen klammerte ich mich an die Hoffnung, daß es nur ein vorübergehender Krampf sei.

Vom Gottesdienst hörte ich überhaupt nichts. Ich war nur mit der Überlegung beschäftigt, wie ich aus der Kapelle herauskommen könnte, ohne zuviel Aufsehen zu erregen.

Ich blickte kurz zum Seiteneingang. Er war nicht allzuweit weg. Aber als ich sah, wie sich die Reihe zwischen mir und dem Eingang mit Leuten füllte, überkam mich Panik. Außerdem waren es alles Männer. ›Sie werden mich sicher für einen Schwächling halten, wenn ich hinausgehe‹, überlegte ich. ›Also muß ich bleiben.‹

Matthews Tutor Graham, der uns während meiner Krankheit sehr nahe gestanden hatte, saß gleich rechts neben Matthew. Ich wußte, ich würde unmöglich aufrecht gehen können, wenn ich versuchte, hinauszugelangen. ›Graham denkt bestimmt, daß ich es nicht ertragen kann, nicht mehr im Mittelpunkt der Aufmerksamkeit zu stehen. Er meint dann, daß ich nur Aufsehen erregen will, wenn ich tief gebeugt hinauswanke.‹ Die Furcht, für einen Hypochonder gehalten zu werden, lähmte mich. Graham hatte sich so liebevoll um uns gekümmert, ich wollte seine Unterstützung nicht verlieren.

Aber dieses Mal wurden meine Schmerzen stärker als meine Angst, als Neurotiker zu gelten. Auf das Abklingen der Schmerzen zu warten, klappte nicht. Es wurde immer schlimmer, bis die Schmerzen eine Stärke erreichten, die ich nie für möglich gehalten hätte.

Ein Lied wurde gesungen. Ich stieß Matthew an. »Kann nicht aufstehen«, preßte ich unvollständig heraus. Wieder einmal kostete mich jedes Wort einen zusätzlichen Atemzug, und jeder Atemzug bedeutete eine Verschlimmerung der brennenden Schmerzen.

»Na, dann bleib doch während des Liedes sitzen, Dummchen«, antwortete Matthew undeutlich, ohne mich anzusehen.

Normalerweise freue ich mich darüber, wenn Matthew es genießen kann, von der ernsten Niedergedrücktheit meines Leidens einmal befreit zu sein. Es tat mir sehr leid, ihm hier in der Kapelle seine Freiheit nehmen zu müssen und ihm die Bedeutung meiner Worte klarzumachen. Ich schob meine Hand in seine und wollte versuchen, es ihm zu erklären.

Matthew erschrak, als er die klamme Kälte meiner Hand spürte. Sie war vor Schweiß ganz naß und schlüpfrig.

Er nahm meine Hand und sah mich dann fragend an. »Jane!« flüsterte er entsetzt, als er mein Gesicht sah.

Wie mein Gesicht wohl aussah, daß es eine so plötzliche Reaktion bei ihm hervorrief?

Das Klaviervorspiel war vorbei, und alle anderen standen zum Singen auf. Ich war dankbar für den gewissen Schutz, der dadurch entstand, denn so konnte ich nur von der Reihe zwischen mir und der Tür gesehen werden.

»Komm.« Matthew ließ gar keine Diskussion darüber aufkommen, ob ich den Gottesdienst verlassen sollte oder nicht.

»Kann nicht aufstehen.« Meine Hilflosigkeit brachte mich allmählich in Bedrängnis.

Matthew mußte mich beinahe hochheben und stützte mich diskret auf dem Weg zur Kapellentür. Die meisten Männer waren in ihr Singen vertieft, aber als ich an Graham vorbeikam, quälte mich wieder die Angst, von ihm für einen Hypochonder gehalten zu werden. Trotz der entsetzlichen Schmerzen und trotz der Notwendigkeit, mich auf jede Bewegung Richtung Tür zu konzentrieren, brachte ich es fertig, ihn voll anzulächeln. Es war ein gewaltiger Bluff, damit er keinen Verdacht schöpfte.

Die Wirkung dieses Lächelns war zweifach. Einmal bedeutete es einen Schutz, hinter dem ich meine Verlegenheit und Hilflosigkeit verstecken konnte. Ich wußte nicht, wie ich mit dem Umstand fertig werden sollte, daß mich die Schmerzen so offensichtlich aus der Fassung gebracht hatten. Aber während ich mit Erfolg ein »großes Theater« vermied, ließ ich Graham auch keine Gelegenheit, mir zu helfen oder für mich dazusein. Das war ein hoher Preis für mich. Was ich mir am meisten wünschte – und immer noch wünsche –, ist, daß andere mir ihre Zuwendung schenken. Sie können mir zwar die Schmerzen nicht wegnehmen, aber sie können mich trösten. Und, ob es mir gefiel oder nicht, ich brauchte Hilfe.

Nachdem sich die Kapellentür hinter mir geschlossen hatte, sah sich Matthew nach einem Stuhl um. Es war keiner da.

»Was sollen wir tun?« fragte er.

»Müssen es Richard sagen.« Er war der einzige, der wirklich etwas Hilfreiches tun konnte. Ich wußte, daß in mir irgend etwas passiert war, worüber er informiert werden mußte. Obwohl es Abend war, mußte er mich sofort untersuchen.

Ich legte mich mit ausgestreckten Armen über einen Tisch und ließ den Kopf auf den Armen ruhen. Dies war das einzige, was ich tun konnte, um überhaupt etwas Erleichterung zu spüren; trotzdem wußte ich, daß ich hier nicht bleiben konnte. Als ich mich wieder aufrichtete, fiel mein Blick auf mein Gesicht im Spiegel vor mir. Mit Entsetzen stellte ich fest, daß meine Bräune verschwunden war und einem fahlen Weiß Platz gemacht hatte.

Ich wußte, daß ich weitergehen mußte, und ich wankte zur Treppe, während ich mich schwer auf Matthew stützte. Endlich konnte ich mich auf eine der Treppenstufen setzen.

»Was soll ich tun?« wiederholte Matthew.

Aber dieses Mal konnte ich nicht so ruhig und vernünftig denken wie er.

»Kann mich nicht bewegen«, war alles, was ich mit abgehackter Stimme hervorbrachte. Ich geriet beinahe in Panik, als ich merkte, wie hilflos und gelähmt ich vor Schmerzen war. Und trotzdem spürte ich immer noch, so merkwürdig das auch erscheinen mag, inmitten dieses Traumas einen tiefen Frieden und eine Annahmebereitschaft, die mich trugen. Doch ich saß nur starr auf der Treppe. »Soll ich Richard rufen oder einen anderen Arzt, oder einen Krankenwagen?« fragte Matthew.

Ich konnte doch den Krankenwagen nicht für mich kommen lassen, während ich noch bei Bewußtsein war! Matthews Frage ließ mich noch einmal alle Kraft zusammennehmen. Langsam und vorsichtig zog ich mich hoch und schaffte es, ein paar Stufen hinunterzusteigen. Matthew bedrängte mich nicht wegen einer Antwort, obwohl er sich sicher fragte, was um alles in der Welt als nächstes passieren würde. Während dieser ganzen Geschichte unterdrückte er alle seine Fragen, um sich geduldig an meiner Seite meinem Schritt anzupassen.

Als ich am Fuß der Treppe angekommen war, hatte ich einem seiner Vorschläge zugestimmt. Wir wollten uns an die hilfsbereite Familie des College-Direktors und seiner Frau Di wenden.

Ich konnte Di vertrauen. Sie würde gar nicht auf den Gedanken kommen, mich für einen Hypochonder zu halten, sondern sich meiner einfach annehmen. Während wir uns in kleinen Schritten ihrem Haus näherten, hatte ich einen kleinen Hoffnungsschimmer, Hilfe zu finden. Di enttäuschte uns nicht. Ihr Empfang ließ uns nicht ahnen, daß sie und ihre Töchter gerade beim Essen waren, als wir klingelten. Es war fast so, als hätte sie uns erwartet.

»Jane!« Mit einer stillen, helfenden Geste streckte sie mir den Arm entgegen. »Wollen Sie sich bei uns hinlegen?« Sie sah Matthew fragend an.

Freundliche Hände halfen mir in einen bequemen Sessel. Das herzliche Lächeln und die liebevollen Augen verschwammen in einem diffusen Strudel von Schmerzen. Ich wurde von einem starken, unkontrollierbaren Zittern erfaßt. Decken wurden geholt und um mich gewickelt.

›Ich muß wie eine alte Oma aussehen‹, war der einzige Gedanke, der durch meinen Nebel drang. Dann rieb Di mir Gesicht und Hals mit beruhigend warmem Wasser ab, meine Hände wurden hineingetaucht und sanft damit bespült. Sie im Wasser schwimmen zu lassen, nahm etwas von dem Schock. Das Wasser selbst war schon eine Therapie, um so mehr die zärtliche Fürsorge, mit der die Behandlung ausgeführt wurde.

Mit geschlossenen Augen nahm ich wahr, wie Matthew im Flur telefonierte. Er hatte Schwierigkeiten, Hilfe zu finden. Die diensthabende Ärztin wollte ihre Praxis nicht verlassen. Richard war auf dem Golfplatz. Seine Frau hatte angeboten, ihn zu benachrichtigen. Aber es würde einige Zeit dauern, bis er etwas tun konnte.

Matthew kam zurück. Er und Di berieten, was zu tun

sei. Dann lief Di zur Kapelle, um einen Arzt zu holen. Sofortige Hilfe war notwendig, bis Richard erreicht werden konnte.

Die Ärztin, Cathy, war völlig ruhig und freundlich, obwohl man sie mitten aus dem Gottesdienst geholt hatte. Sie bestand nicht darauf, mich unnötig zu untersuchen. Schnell stellte sie fest, welches Medikament mir gespritzt werden mußte, und fuhr weg, um es zu holen.

Als Colin nach Hause kam, hatte das Morphium bereits zu wirken begonnen. Er hatte vorher nicht bemerkt, daß verschiedene Leute den Gottesdienst verlassen hatten, und er wußte auch nicht, warum. Wie gewöhnlich nahm er zwei Stufen auf einmal und marschierte direkt ins Wohnzimmer.

Doch sein wacher Verstand stellte sich sofort auf die neue Situation ein. »Fühlen Sie sich nicht besonders, Jane?« Er setzte sich auf einen hohen Stuhl. Immer hatte er Zeit zuzuhören, wenn es wirklich nötig war.

»Nicht gerade großartig«, war meine Antwort. »Dumm, nicht?« Ich versuchte, ein wenig munter zu lachen, um zu vertuschen, wie niedergedrückt ich mich fühlte.

Jemand anderes berichtete im einzelnen von der Jagd nach ärztlicher Hilfe, während meine Gedanken im Morphium-Nebel verschwammen. Colin hörte sich alles genau an. Den restlichen Abend blieb er bei uns und verschob seine ganzen übrigen Pläne. Matthew und ich nahmen mit Dankbarkeit wahr, daß er uns seine Zeit opferte – besonders, weil wir wußten, wie beschäftigt er war. Trotzdem nahm er sich diese kostbaren Stunden für uns Zeit, um einfach nur mit uns zusammenzusein.

Und er »half« uns nicht einmal im üblichen Sinne, indem er uns seelsorgerlichen Rat gab. Ich erinnere mich an Dis Stimme, als sie an einem bestimmten Punkt ins Zimmer trat und sagte: »Was macht ihr denn da, redet über diese völlig unwichtigen Dinge, wo doch Jane hier ist und es ihr so schlecht geht?«

Die Besucher, die auf ihrem Weg vom College nach Hause hereingeschaut hatten (die Nachricht über meinen Verbleib hatte sich bereits verbreitet), schwiegen plötzlich etwas beschämt. Die Männer hatten sich angeregt miteinander unterhalten.

Aber Colin war gar nicht verlegen. »Unsinn!« sagte er. »Jane will bestimmt nicht, daß wir nur über ihren schlimmen Zustand reden, noch bildet sie sich ein, daß sie im Moment das große Wort führen kann. Im Gegenteil, wir sind sehr rücksichtsvoll, weil wir die Unterhaltung in Gang halten und sie dadurch ihre Ruhe hat. Stimmt das nicht, Jane?«

»Für diesen tollen Vortrag bekommen Sie von mir eine Zwei plus«, grinste ich und fragte mich, woher ich für einen so langen Satz die Luft hatte. Einen kleinen Scherz zu machen, trotz der anhaltenden Schmerzen, bedeutete für mich, weiterhin ich selbst zu sein.

Und Colins Antwort war in jedem Fall richtig. Ich konnte ja nichts weiter tun, als untätig auf dem Sofa zu liegen und die Unterhaltung über mich hinweggehen zu lassen. Die Besucher verließen uns bald, Dis und Colins Töchter zogen sich nach oben zurück, und nur Colin und Di blieben mit Matthew und mir den ganzen Abend lang sitzen. Cathy hatte darauf bestanden, nach zwei Stunden wieder nach mir zu sehen, falls ich immer noch nicht im Krankenhaus sein sollte, aber ich haßte es, sie nochmals zu belästigen. Ich fühlte mich wie eine richtige Plage und wünschte mir, mich mehr zusammenreißen zu können.

Unsere Überlegungen wurden durch einen Besuch von Graham unterbrochen. Er hatte erst jetzt gehört, wo ich war und warum.

»Warum um alles in der Welt haben Sie mich nicht von Matthew aus der Kapelle holen lassen?« fragte er, halb belustigt über meinen Willen, niemals aufzugeben, halb verletzt (wie ich vermutete), daß ich ihm scheinbar nicht vertraut hatte. »Wir hätten Sie zusammen die Treppen hinuntertragen können.«

Bei dieser Bemerkung krümmte ich mich zusammen. »Seien Sie bitte nicht böse«, bat ich. Nicht er war es, der nicht vertrauenswürdig war, ich wagte niemandem zu vertrauen, weil ich fürchtete, nicht ernstgenommen zu werden.

Ebenso wie Colin verschwendete Graham keine Gedanken an sich selbst. »Haben Sie Angst, Jane?« Wie immer konnte er das Wichtige vom Unwichtigen unterscheiden.

Ich schwieg, bevor ich antwortete. Es lohnte sich immer, über seine Fragen nachzudenken. »Ich bin so sehr damit beschäftigt, mit meiner momentanen Lage fertigzuwerden, daß ich gar nicht nach vorn schaue.« Das Morphium hatte jetzt zu wirken begonnen. Meine Worte waren deswegen weniger abgehackt, meine Sätze länger.

»Aber jetzt, wenn ich Sie frage?« hakte er noch einmal nach. Meine Gedanken liefen weiter zu der Frage, was man in der kommenden Nacht, die ich ganz sicher wieder im Krankenhaus verbringen mußte, über mich entscheiden würde.

»Ich glaube schon ... Aber ich bin trotzdem okay.«

Graham wußte von meiner Erfahrung des tiefen, inneren Friedens, der aus meiner Bereitschaft gewachsen war, selbst diese Schmerzen als ein Handeln Gottes anzunehmen. Er wagte, noch weiter zu gehen. »Was fürchten Sie am meisten?«

Ich spielte in Gedanken einen Moment lang die verschiedenen Möglichkeiten durch, die vor mir lagen, und überlegte, welche ich davon am meisten fürchtete. Es war sicher nicht die Möglichkeit zu sterben, die mir Angst einflößte, denn der Tod würde eine so große Erlösung von den Schmerzen bedeuten, daß er mir keine unangenehme Vorstellung war. Und dieser Gedanke ließ mich plötzlich erkennen, was meine größte Angst war.

»Das Anhalten der Schmerzen ohne Aussicht auf Heilung«, sagte ich dumpf. »Wie Sie wissen, fürchte ich eine weitere Narkose, besonders, weil mir noch in Erinnerung ist, wie sie letztes Jahr schon etwas mit mir getan haben, als ich noch nicht ganz eingeschlafen war.«

Ich erschauerte, als ich daran dachte, wie man die Schläuche in meinen Hals eingeführt und meinen Körper behandelt hatte, als wäre ich nicht mehr bei Bewußtsein gewesen. Wie entsetzlich es gewesen war, weil ich mich nicht bewegen und kein Zeichen geben konnte, daß ich noch wach war.

»Und ich fürchte mich vor der Schwäche und dem endlos langen Kampf, bis ich mich nach einer großen Operation wieder erholt habe. Aber das ließe sich gerade noch ertragen, wenn es erfolgversprechend wäre und sich lohnen würde.« Ich hielt inne und dachte über die Schmerzen nach, die sinnvoll waren, wie zum Beispiel Wehen; sie sind zwar äußerst schmerzhaft und schrecklich, wenn sie kommen, werden aber normalerweise vergessen, sobald sie ihren Zweck – ein gesundes Baby zur Welt zu bringen – erreicht haben. Aber das stand in starkem Gegensatz zu meinem Leiden.

»Es ist der Gedanke an Schmerzen ohne Sinn, Zweck und Ziel, der so schwer zu ertragen ist.« Noch als ich das sagte, wußte ich, daß Graham mir dazu geholfen hatte, so weit zu kommen. Die Furcht davor, meine inneren Ängste zu erforschen, gab ihnen zerstörerische Kräfte. Sie aufzudecken bedeutete, sie ins Licht Gottes zu bringen.

Graham verstand. »Gott macht keine Fehler, Jane.« Wie oft hatte er mir gegenüber diese Wahrheit bekräftigt.

»Nein. Ich habe auch nicht das Gefühl, daß er dabei einen Fehler macht.« Darüber sprechen zu können, bestärkte mein Vertrauen in Gottes Willen.

Graham lächelte. »Wieso sind Sie sich dessen so sicher?«

»Weil Gott in allem ist.« Ich war selbst völlig überrascht,

in meinem Verstand und meiner Seele eine ganz tiefe Ruhe zu finden, selbst angesichts der ungeheuren Schmerzen. »Ich habe dabei einen so großen Frieden und eine so große Gewißheit seiner Gegenwart, daß ich weiß, er macht keinen Fehler.« Gleichgültig, was in dieser Nacht noch kommen mochte, ich war entschlossen, Gottes Willen anzunehmen – und ich wußte, ich war in seiner Hand. »Ich wünschte mir jetzt nur noch, mich etwas wohler zu fühlen.«

Und Graham konnte in seiner Weisheit das verstehen, was ich ausdrücken wollte. Zwischen der Bereitschaft, Gottes Willen anzunehmen, selbst wenn er uns kein leichtes Leben verspricht, und dem zermürbenden Ertragen des Leidens, wenn es dann tatsächlich kommt, besteht eine Spannung.

Als wir wieder mit Colin und Di allein waren, herrschte im Zimmer zwar Stille, aber die anheimelnde Wärme war gestört. Die wachsende Dringlichkeit, mit der wir auf das Klingeln des Telefons warteten, drückte schwer auf uns. Draußen brach die Dunkelheit jetzt schnell herein, und in der Luft lag ein Frösteln. Di packte mich wieder fest in meine Decken ein und knipste die kleinen Wandlampen an. Als sie sich herabbeugte, fielen weiche Schatten über ihre Wangen. In diesem Moment sah ich die Furcht in ihrem Gesicht.

Doch plötzlich wurde jeder aus seinen sorgenvollen Gedanken gerissen. Einen kurzen Moment lang blickte Matthew seinen Gastgeber unsicher an, dann sprang er auf, um selbst ans schrill klingelnde Telefon zu gehen. Wie oft ich mir auch Richards Antwort im Geiste vorgestellt hatte, ich war trotzdem von der harten Realität der Worte überrascht: »Wir sollen in fünfzehn Minuten bei Richard im Krankenhaus sein.« Matthew steckte den Kopf durch die Tür und gab die Instruktionen weiter. »Glaubst du, du kannst mit unserem Auto fahren, oder sollen wir einen Krankenwagen rufen?«

»Ach, bitte mit unserem Auto.« Matthew würde beim Fahren zumindest aufpassen und Schlaglöcher umfahren. »Aber muß ich wirklich gehen?«

Matthew lächelte, ging zurück ans Telefon und schloß die Tür hinter sich. Colin erhob sich, um meinen Mantel zu holen. Di kam zu mir, um mir vom Sofa aufzuhelfen. Ich merkte, daß ich eine dumme Frage gestellt hatte, die keiner Antwort bedurfte.

Irgendwie schaffte ich es aufzustehen, aber wie sehr ich mich auch bemühte, ich konnte mich nicht ganz aufrichten. Es war für mich beschämend, vor Freunden, die ich sehr achtete, in so gebeugter Haltung zu stehen. Ich dachte, daß ich normal aussehen könnte, wenn ich mich nur genügend anstrengen würde.

Zentimeterweise schwankte ich durch das Zimmer und fragte mich bei jedem Schritt, wie ich die wenigen Meter zur Tür schaffen sollte. Auf Colins Gesicht lag tiefes Mitleid, als er mir die Tür öffnete. Als ich dann draußen den gering ansteigenden Weg sah, den ich bewältigen mußte, um zum Auto zu gelangen, fühlte ich mich beinahe entmutigt. Ich schluckte schwer und hielt mich an der niedrigen Gartenmauer fest.

Matthew war neben mir, sprach mir Mut zu, gab mir aber trotzdem ein Gefühl der Unabhängigkeit. Colin muß sich völlig unfähig gefühlt haben, mir weiterzuhelfen. »Wäre es nicht am besten, wir würden Sie tragen?«

Ich schüttelte den Kopf. »Ich bin okay«, mehr konnte ich nicht hervorbringen. Aufzugeben hätte bedeutet, meine »Leistung«, von der ich glaubte, sie erbringen zu müssen, nicht zu erreichen. Deswegen zwang ich mich selbst entschlossen dazu, zum Auto zu gehen: ›Schieb einen Fuß vor. Du mußt es tun. Jetzt Luft holen. Und jetzt der andere Fuß. Du darfst jetzt nicht umfallen.‹

Matthew machte die Autotür zu und ließ den Motor an. Die Silhouetten von Di und Colin hoben sich im Türrahmen gegen die schimmernden Lichter im Inneren ihres warmen Zuhauses ab. Als das Auto wendete, schwenkten die Scheinwerfer herum und beleuchteten ihre Gesichter. Sie lächelten und winkten. Ihre Herzen begleiteten uns.

Andere verstehen lernen

Wenn ein Glied leidet, leiden alle Glieder mit. (1. Korinther 12,26)

Als ich von Colin und Di wegfuhr, passierte etwas sehr Wichtiges mit mir. So schwach ich auch war, mit einem schmerzenden, ächzenden Körper, wurde ich doch innerlich stärker. Mehr als früher war mir die »Gemeinschaft des Leidens« bewußt. Aus Liebe zu mir litten Matthew und viele Freunde mit mir – sie fühlten sich in meine Schmerzen ein. Und gleichzeitig kamen mir diese Menschen plötzlich näher – ich wurde für ihre Schwächen und Nöte empfänglicher und konnte, so hoffte ich wenigstens, sie besser verstehen und ihnen eine echte, mitfühlende Freundin sein.

Es fiel Matthew schwer, sich von meiner Bettseite zu lösen und das Krankenhaus zu verlassen. Nicht, daß er noch viel Energie gehabt hätte, denn es war bereits nach Mitternacht. Aber er ließ mich in meiner qualvollen Not nicht gern allein zurück. Beging er einen Verrat an mir? Es war alles schon so lange unverändert, daß es allmählich unbewußt ein Teil unseres Lebens geworden war. Ich mußte mit den Schmerzen leben und er damit auch. Vielleicht mußte er sogar selbst Schmerzen erleiden; nur, daß seine anders waren als meine.

Als er die bekannten Straßen nach Hause fuhr, war sein Kopf voll von den Bildern des Abends, die ihn nicht losließen. Am deutlichsten war Richards Gesicht, ernst und unbeweglich. Was hatte er gedacht? Was würde er noch tun, um mir zu helfen? Gab es noch eine Behandlungsmöglichkeit, auf die er zurückgreifen konnte?

Richard hatte keinerlei Gefühle gezeigt. Er war in ruhiger, geschäftsmäßiger Art vorgegangen. Sicher war auch er bekümmert, aber er hatte nicht gewagt, es zu zeigen, damit nicht sein ärztliches Urteil dadurch beeinträchtigt wurde. Ich war der Patient, er der Arzt. Er würde sicher versagen, wenn er auch ein Opfer des Leidens werden würde.

»Es tut mir sehr leid«, hatte er dumpf gesagt. »Um die Sache auch noch zu erschweren, fahre ich morgen übers Wochenende nach Frankreich.« Sein Blick war nachdenklich auf den glänzenden Krankenhaus-Fußboden geheftet.

Übers Wochenende? Das schien eine unerträglich lange Zeit zu sein. Richard muß wohl die Angst in meinen Augen gesehen und erraten haben, daß ich mir nicht vorstellen konnte, solange durchzuhalten. Ich wünschte mir, mich ergeben zu können, aber ich wußte nicht, wie. Ganz egal, was ich tat, wie tief ich mich auch in mein Bett zurücksinken ließ, immer wurde ich von Schmerzen beherrscht.

»Ich muß die Meinung vom Professor einholen«, hatte er erklärt und war zielbewußt zum Telefon gegangen.

Plötzlich kamen die Dinge in Bewegung. Nachdem die medizinische Welt wochen- und monatelang nicht gewußt hatte, was zu tun war, schien sie jetzt in Aktion zu treten. Der Professor und – einen Tag später – noch ein anderer Chirurg wurden zur Beurteilung hinzugezogen. Sie zögerten mit einer Operation. Sie waren sich nicht sicher, was sie damit erreichen würden. Noch einmal wurde ich mit Medikamenten vollgespritzt; ich erhielt ständig Infusionen mit Antibiotika und sogar mit Vitaminen. Sooft Matthew mich sah, lag ich wieder blaß, lustlos und durch die Schmerzen erschöpft da.

Nach ein paar Tagen hielten sie dann direkt neben meinem Bett eine Fallbesprechung ab. Die Lage war gespannt. Richard, der von seinem Wochenendurlaub zurückgekehrt war, trug technisch gesehen die Gesamtverantwortung für mich, aber trotzdem unterstand er dem Professor. Er war fassungslos, daß keine weitere Laparatomie gemacht worden war (siehe S. 64). Sein Urteil beruhte mehr auf seinem Gefühl, wie krank ich war, als auf speziellen medizinischen Untersuchungen. Er war sehr beunruhigt. Im Gegensatz dazu schien der Professor meinen Zustand gelassener aufzunehmen. Wie um das deutlich zu zeigen, kam er vierzig Minuten zu spät auf die Station geschlendert.

Zu diesem Zeitpunkt kochte Richard innerlich. Er sah kaum auf, um den Nachzügler zu begrüßen. Keinem von uns war es in den Sinn gekommen, daß auch der Professor möglicherweise unter der ganzen Situation litt, und daß seine unverständliche Haltung vielleicht ein Zeichen für sein eigenes Unbehagen war.

»Sie haben in der Vergangenheit unnötige operative Eingriffe vorgenommen«, lautete die scharfe Anklage.

Es entstand eine Pause. Richard lehnte es ab, darauf zu reagieren.

Der Professor überflog meine Krankheitsgeschichte. »Sehen Sie sich diesen histologischen Befund an. Letztes Mal haben Sie ›normales Gewebe‹ entfernt.« Er knallte den braunen Ordner Richard hin.

Die Spannung wuchs, weil nun sogar Richards Kompetenz in Frage gestellt wurde. »Ich sage Ihnen« – das Beben in Richards Stimme wurde nur langsam schwächer –, »ich habe gesehen, was ich entfernt habe, und ich sehe es noch vor mir. Was ich entfernt habe, war makroskopisch anormal und eine offensichtliche Ursache der starken Unterleibsschmerzen. Nach der Operation ging es Jane acht Monate lang viel besser, bis diese akute Peritonitis* im Februar wieder ausbrach.«

Nur ihre schweren Schritte unterbrachen die gespannte Stille zwischen ihnen, als sie sich meinem Bett näherten. Die Gesichter beider Männer erschienen streng und hart. Matthews Hand schloß sich fester um mein dünnes Handgelenk. Auch er war angespannt, während er ihre Entscheidung abwartete.

Die Debatte hatte Richard fast zum Schweigen gebracht; er nickte Matthew nur zu. Es war der Professor, der – gewohnt, als Chef zu handeln – Bericht erstattete. Unwillkürlich hielt ich die Luft an, während ich zuhörte.

»Wie Sie ja wissen, hatte Jane große Schwierigkeiten mit peritonalen Entzündungen.« Er richtete sich mehr an Matthew als an mich. »Sie scheint trotz unserer vorsichtigen medikamentösen Behandlung weiterhin Schmerzen zu haben.«

»Vorsichtig?« fragte Matthew flüsternd, was nichtsdestoweniger eine Unterbrechung des Vortrags darstellte. Seine Augen wanderten zu meiner intravenösen Infusion mit zwei hohen Antibiotika-Dosen.

»Und deshalb«, fuhr die Stimme etwas lauter fort, »haben wir entschieden, daß uns keine andere Möglichkeit mehr bleibt, als eine weitere Operation.«

Matthew fühlte sich wegen seiner Passivität, besonders in dieser Atmosphäre, sehr unbehaglich. Das einzige, was er aktiv unternehmen konnte, war zu sprechen, auch wenn es nur eine Frage war. »Was schlagen Sie vor?«

Mein Herz schlug schneller und lauter.

Der Professor zögerte kurz, bevor seine Augen Matthews unsicheren, starren Blick trafen. »Eine Hysterektomie.« Er räusperte sich, drehte sich um und ging ein paar Schritte zum Fußende meines Bettes. Wollte er dem Leid

* Bauchfellentzündung

ausweichen, das Matthews qualvolle Angst in ihm hervorrief? Dann straffte er sich und blickte Matthew wieder an. Während er sich in die Sicherheit seiner vertrauten Rolle zurückzog, gab er sich einer weitschweifigen Erklärung hin, als würde er vor Studenten dozieren. In dem Moment, als der Schmerz sein Gleichgewicht zu zerstören drohte, distanzierte er sich davon, indem er sich in seine Fachsprache zurückzog.

»Eine Hysterektomie . . .« begann er. Ich konnte ihm nicht zuhören. Aufgrund meiner Kenntnisse als Hebamme brauchte ich sowieso keine Erklärung. Er hatte nur gesagt, was ich erwartet hatte. Er meinte eine Totaloperation, eine Entfernung der Gebärmutter, aber er konnte sich nicht dazu überwinden, dieses Wort zu benutzen. »Hysterektomie« klang distanzierter.

Ein ganzes Heer von Gefühlen wallte in mir auf, jedes beanspruchte meine Aufmerksamkeit. Ich sackte wie betäubt in mein Kissen zurück und ließ die ganze Unterhaltung über mich hinweggehen. Sie hätten auch über irgend etwas, über irgend jemand reden können. Wo war ihre Fürsorge und Anteilnahme? War sie durch die unausgesprochene Rivalität der beiden Spezialisten ausgelöscht worden? Ich hätte genausogut ein Beweisstück A sein können, ein Objekt, das ein brauchbares Beispiel für die Erklärungen des Professors war. Und Matthew hätte ein Schuljunge sein können, den sie mit Lehrsätzen bombardierten. »Sie müssen verstehen, daß man nach diesem Eingriff keine Kinder mehr haben kann. Die Entfernung des Uterus bedeutet die Unterbindung jeder Möglichkeit, ein Kind auszutragen.«

Ich fühlte mich wie eine Kuh, wie eine Maschine; alles andere, nur nicht wie ein Mensch. Ich wollte hinausschreien: »Haltet den Mund! Ich habe schließlich Gefühle; habt ihr keine?« Aber vielleicht redete der Professor gerade deswegen auf diese unglückliche Art, weil die Situation für ihn so problematisch war. Vielleicht fühlte er sich sicherer, wenn er so objektiv, steril und distanziert klang. Mehr Anteilnahme zu zeigen hätte ihm vielleicht bewußt gemacht, daß er selbst an meiner Not mitlitt.

Die folgenden Monate sind in meiner Erinnerung völlig verschwommen. Wahrscheinlich habe ich sie ausgelöscht, um über solche schmerzvollen Erinnerungen nicht nachzugrübeln. In gewissem Sinne bedeutete das mein Ende; das Ende von so vielem ... von so vielen Hoffnungen, Träumen und Erwartungen. Aber es war auch der Anfang vom Ende noch wichtigerer Dinge. Die tiefgreifende Krankheit, die mich seit Februar vier Monate lang völlig beherrscht hatte, würde für immer ihre Spuren hinterlassen, aber ihre schreckliche Intensität würde bald abnehmen.

Nur ein paar Dinge verfolgen mich noch, sie haben sich nicht verdrängen lassen wie die übrigen Bilder, an die sich mein Verstand zu erinnern weigert. Zuerst war da das schreckliche Warten, Warten auf den festgesetzten Tag der Operation. In dem Klima, das zwischen dem Professor und Richard herrschte, faßte Richard einen Entschluß. Er wollte diese Operation nicht ohne die Anwesenheit des Professors durchführen. Er wußte, der Professor mußte mit eigenen Augen den Zustand meiner Organe sehen. Erst dann würde er Richards Urteilsvermögen wieder respektieren.

In meinem körperlich und seelisch gebrechlichen Zustand geriet ich mitten zwischen die Mühlsteine. Richard und der Professor waren nicht der gleichen Ansicht, und meine Operation schienen sie als Gelegenheit zu nutzen, ein Duell auszutragen.

Als die Operationsvorbereitungen schließlich begannen, nahmen die Aktivitäten um mich herum zu. Ich kannte die entwürdigenden Prozeduren nur zu gut. Sie waren zwar nichts Unnatürliches, kündigten mir aber einen Eingriff an, der sich teifgreifend auf mein ganzes Leben auswirken würde.

»Sie dürfen jetzt nichts mehr trinken, Mrs. Grayshon.«

Die Krankenschwestern waren eifrig dabei, überall Schläuche einzuführen – ja, wirklich überall.

»Ich mache Ihnen nur einen kleinen Einlauf, Mrs. Grayshon.« Klein? dachte ich.

»Ich führe nur einen kleinen Schlauch in Ihre Blase ein, Mrs. Grayshon.« Warum benutzten sie immerzu das Wort »klein«? Um das Gesamtproblem zu verniedlichen?

»Ich rasiere Sie jetzt nur ein klein wenig, Mrs. Grayshon.«

Alles, was sie machten, war mir nur allzu vertraut. Ich war diesen Weg schon so oft gegangen, daß ich ihre »beruhigenden« Worte auswendig konnte.

Als das Warten schließlich vorbei war, lag ich vor der Narkose im Anästhesie-Raum. Gleichgültig, wohin mein Blick fiel, überall schien er auf Dinge zu treffen, die alptraumhafte Erinnerungen enthielten. Der Wagen mit dem Beatmungsgerät erinnerte mich daran, daß ich einmal nicht mehr hatte atmen können; die Flaschen mit der klaren Infusionsflüssigkeit daran, daß dies meine siebte Operation war. Die Nadeln schienen nur darauf zu warten, mir wieder das Gefühl der hilflosen Schwäche zu geben, das ich bei jeder Narkose fürchtete.

Ich schloß die Augen, um diesen Erinnerungen zu entkommen. Wieder einmal überlegte ich beunruhigt, wie diese Operation ausgehen würde. Auf dem Formblatt, auf dem ich meine Zustimmung unterschrieben hatte, hatte gestanden: »Laparatomie (was soviel bedeutete, wie sich meinen Unterleib mal gründlich von innen anzusehen) mit möglicher Hysterektomie«. Standen die Dinge so schlecht, daß es soweit kommen mußte? Oder ging es mir jetzt etwas besser? Würden sie vielleicht herausfinden, daß die Infektion verschwunden war, und daß ich kaum noch einen Grund hatte, über Schmerzen zu klagen?

Richard war bereits zum OP durchgegangen. Dabei hatte er nervös mit seinen Händen gespielt. Er war auch beunruhigt. Seine fachliche Kompetenz würde auf dem Operationstisch offengelegt werden. Würde er in den Augen seines Chefs rehabilitiert werden? Ich rieb mir an dem dünnen Tuch, das über mich gelegt worden war, den kalten Schweiß von den Händen. Ich wünschte mir nur, daß das Warten endlich vorbei wäre.

In diesem Augenblick rauschte der Professor herein. Im ersten Moment hätte ich ihn beinahe nicht erkannt. Er steckte in seiner OP-Verkleidung, und ich war von der Basisnarkose benebelt. Dann begann er, in seinem typischen Tonfall zu sprechen. »Also«, lachte er leise, »jetzt kommt die Wahrheit heraus, wie?«

»Bitte?« Ich hatte Mühe, die Worte hinter seinem dünnen, grünen Mundschutz zu verstehen.

»Ich sagte, jetzt kommt die Wahrheit heraus«, wiederholte er. Ich glaube, er brummte auch irgend etwas davon, daß ich geistig hellwach wirkte. Meinte er damit, daß ich ihnen nur etwas vormachte?

Im gleichen Moment, als mir diese Frage durch den Kopf schoß, knallten die OP-Schwingtüren zu. Er war verschwunden. Der Anästhesist hatte jetzt meinen Arm genommen und spritzte bereits sein Mittel. Die schwarze Gummitür öffnete sich noch einmal quietschend. Richard steckte seinen Kopf herein, doch zwischen Kopf- und Mundschutz sah man nur seine Augen. Kleine Fältchen entstanden, als sie sich zu einem beruhigenden Lächeln zusammenzogen.

»Wir sehen uns hier drin«, hörte ich ihn sagen. Das Sausen in meinen Ohren zog mich in einen unruhigen Schlaf.

Von weit her schien mich jemand zu rufen.

»Jane?« Mein Körper war viel zu schwer. »Jane?« Mein Atem ging schwer. »Jane?« Ach, ich war so erschöpft. »Kannst du mich hören, Jane?« Ja, ich konnte hören, aber ich wollte nicht hören. Ich war zu müde. Sie konnte nicht ahnen, wie sehr ich etwas Schlaf nötig hatte. Wer war sie denn überhaupt?

Ich stand in einem Feld. Zwischen dem Getreide wuchsen Blumen, die ich riechen konnte. Sie waren faul. Bei jedem Atemzug sog ich den fauligen Geruch mit ein. Es war ekelerregend. Warum roch es nicht süß? Wieder holte ich Luft.

Ich versuchte, mich von dem Feld mit den Blumen wegzudrehen. Aber wohin ich mich auch wandte, immer lag es vor mir. Ich konnte nicht entkommen. Und der Geruch strömte wieder über mich hinweg. Ich mußte einen neuen Atemzug machen. Es schien, daß mich der faulige Geruch ganz erfüllte. Mir war furchtbar schlecht.

Etwas Kaltes und Metallenes wurde mir unters Kinn geschoben. Ich begriff in diesem Moment nicht, daß es mein eigener, mit anästhetischen Gasen erfüllter Atem war, den ich vermeiden wollte.

»Jane? Können Sie einmal einen tiefen Atemzug für mich machen?« Ich fragte mich, warum ich einen tiefen Atemzug machen sollte. Das würde nur den erdrückenden Geruch steigern. Mein leichtes Hecheln genügte.

Die Stimme veränderte sich. »Besser noch etwas Sauerstoff«, flüsterte sie. Eine Maske wurde mir vors Gesicht gedrückt. Ihr Plastikgeruch mischte sich mit den fauligen Blumen in meinem Feld. Der Gestank schien mich dadurch um so mehr gefangenzuhalten.

»Ihre Operation ist vorbei.« Meine Operation? Ach. Ach so. Stimmt ja. Meine Operation. Also, was haben sie denn herausgefunden? Und was haben sie mit mir gemacht?

Meine Fragen verblaßten, als ich wieder in das Feld zurücksank.

In der nächsten Minute (so schien es mir wenigstens) wurde ich hin- und hergerüttelt. ›Ich muß wohl auf einem Wagen liegen und werde gefahren‹, überlegte ich. Tack-tack. Lifttüren wurden aufgestoßen. Tack-tack. Noch zwei Räder holperten über die Schwelle in den Lift. Sssst. Die Türen öffneten sich wieder. Tack-tack. Tack-tack.

»Sie sind jetzt wieder auf der Station, Jane.« Es war die freundliche Schwester, die zu mir redete. Ich nickte wortlos, immer noch mit geschlossenen Augen. Allmählich verschwand mein Feld und wich einem Bewußtsein über die Vorgänge um mich herum. Ich versuchte, etwas zu fragen. »Was?« Aber mein Mund wollte noch nicht richtig funktionieren.

Die Schwester beugte sich über mich. Offensichtlich konnte sie sich vorstellen, wie ich mich fühlen mußte. Ihre Schuhe machten kein klapperndes Geräusch, wenn sie sich bewegte. Sie war eine der einfühlsamen Schwestern.

»Es ist alles vorbei, Jane.« Ach, wenn das nur stimmt, dachte ich. Und was hatten sie jetzt gefunden? Was hatten sie gemacht?

»Was?« war alles, was ich hervorbringen konnte.

Die Schwester hatte verstanden. Sie war eine Perle. »Sie haben gemacht, was sie befürchtet hatten.« Keinen Augenblick vergaß sie, daß sie diskret bleiben mußte. Es war ihr klar, daß die Ärzte es mir sagen mußten; aber sie nahm auch Rücksicht darauf, daß ich jetzt dafür bereit war. Ich hatte also eine Totaloperation gehabt.

Ich nickte wieder und sank in mein Feld zurück.

Das nächste, woran ich mich erinnere, war die Anwesenheit des Professors. Sein Erscheinen war etwas zurückhaltender als sein sicheres Auftreten im Anästhesie-Raum vor der Operation.

Er machte Anmerkungen zur Operation und erklärte mir, was sie gefunden hatten. Doch diese Erinnerungen sind jetzt in einem einzigen Durcheinander verschwommen. Nur eine seiner Bemerkungen kommt mir noch in den Sinn. In aller Unschuld fragte er: »Ich nehme an, Sie hatten vorher Schmerzen, oder, Jane?«

Schmerzen? Was sollte ich dazu sagen? Das Wort »Schmerzen« war eine solche Untertreibung des Zustandes, den ich erlebt hatte, eine so oberflächliche Beschreibung für diese tiefe Qual. Immerhin hatte ich das Gefühl gehabt, sterben zu müssen.

»Ja, ein bißchen«, antwortete ich aus großer Ferne. Worte allein hätten für ihn niemals eine angemessene Antwort bilden können, also versuchte ich es erst gar nicht.

Ein paar Tage später, als Richard kam, um alles mit mir zu besprechen, war ich etwas aufmerksamer. Er verbarg seine Überraschung über meine Fortschritte nicht, als ich aufstand und stolz herumwirbelte. »Das unangenehme Gefühl hierbei ist nichts im Vergleich zu . . .« bemerkte ich mit Wonne.

»Sei bloß vorsichtig«, sagte er warnend, aber das Leuchten in seinen Augen verriet mir, daß er sowohl begeistert als auch erleichtert über meine Fortschritte war.

Aber ich hatte auch einige Fragen an ihn: »Wer von euch hat die Entscheidung getroffen?« erkundigte ich mich, weil ich unbedingt erfahren wollte, wer von den beiden Chirurgen die treibende Kraft gewesen war.

»Keiner von uns«, lautete die kühle, distanzierte Antwort. »Sobald wir dich aufgemacht hatten, starrte uns die Antwort direkt ins Gesicht. Es gab für keinen von uns einen Zweifel.«

Dann wurde Richards Gesicht plötzlich verschmitzt. »Ich habe heute den Pathologie-Bericht bekommen. Er lautet: ›Normales Gewebe‹.«

»Ach?« Ich war etwas verwirrt. Wie konnte es »normal« sein, wenn Richard mir gerade gesagt hatte, wie schlecht es ausgesehen hatte? Ich blickte ihn fragend an. Dann bemerkte ich plötzlich sein unglückliches Gesicht und verstand. Es *war* verwirrend; ich *war* tatsächlich ein medizinisches Problem. Aber das bedeutete nicht, daß sich meine Krankheit einfach leugnen ließ, wie manche es der Einfachheit halber angedeutet hatten.

»Ich habe den Bericht dem Professor auf den Schreibtisch gelegt. Er wird ihn nicht übersehen können.« Wir lächelten und genossen es beide im stillen, daß der Kampf zwischen den beiden Medizinern zu Ende war und Richard recht behalten hatte.

Sogar jetzt hatte niemand das Wort »Totaloperation« verwendet. Der Begriff »Hysterektomie« war zwar richtig, aber er wies nicht auf den Verlust hin, den diese Operation für mich bedeutete. Also versuchte ich, keinen Verlust zu empfinden. Statt dessen wollte ich tapfer sein. Ich nahm an den Besprechungen über das Geschehene teil, als wäre ich ebenso stark und mutig wie diese Männer.

Nur an einem Abend verließ mich mein Gleichgewicht. Eine mir bekannte Schwester hatte Dienst auf der Station. Sie war hier neu, aber ich hatte mit ihr schon einmal woanders zusammengearbeitet. An diesem Abend muß es für sie schwierig gewesen sein, weil unsere üblichen Rollen vertauscht waren. Ich, als die dienstältere Schwester, lag im Bett; sie dagegen befand sich in der Position, mir zu sagen, was zu tun war.

Fröhlich tanzte sie ins Zimmer. Anscheinend war sie mit sich selbst sehr zufrieden. Ihre harte, schrille Stimme tat mir in den Ohren weh. Ihre Worte durchbohrten mich. »Wie ich höre, hatten Sie eine Totale«, sagte sie und lächelte breit.

Es war, als hätte man mir den Boden unter den Füßen weggezogen. Ich wußte weder, wohin ich sehen, noch, was ich sagen sollte. Darüber nachzudenken hätte mich zu sehr verletzt. Statt dessen war mein Drang groß, sie auch durch irgend etwas zu demütigen. Sie war hier hereinmarschiert und hatte auf meinen Gefühlen herumgetrampelt. Ich weiß nicht, wie es mir gelang, meinen einzigen Wunsch zu unterdrücken. Ich hätte ihr am liebsten die Kanne mit kaltem Wasser von meinem Nachttisch über den Kopf gegossen.

Alles an dieser Krankenschwester zeugte davon, daß sie

sich anscheinend mehr um sich selbst als um ihre Patienten kümmerte. Ihre lauten, schicken Schuhe zeigten, daß sie es vorzog, gut auszusehen, anstatt das Bedürfnis eines Kranken nach Ruhe zu respektieren. Ihr starkes Make-Up deutete darauf hin, daß sie mehr um ein gelacktes Aussehen bemüht war als um echte, hingebungsvolle Fürsorge.

Sie genoß scheinbar die Gelegenheit, eine Stufe über mir zu stehen, jetzt, da ich so hilflos war. Sie hatte es mir einmal sehr übel genommen, als ich sie zurechtwies, weil sie auf dem Klo geraucht hatte. Und sie hatte es nie verstanden, warum ich sie gebeten hatte, sanfter mit den Patienten zu sprechen. »So'n bißchen unterhaltsamer Spaß hat noch nie jemandem geschadet«, hatte sie zurückgegeben.

Das letzte, was ich an diesem Abend wollte, war »so'n bißchen unterhaltsamer Spaß«. Zum ersten Mal hatte ich den Mut, etwas niedergeschlagen zu sein. Wahrscheinlich ließ ich die ersten Anfänge einer Erkenntnis darüber in mein Herz dringen, was eine Totaloperation wirklich bedeutete. Doch jetzt wurde mein Verlust noch einmal abgewertet, auch wenn sie die »liebevolle« Abkürzung »Totale« verwendet hatte.

Ich glaube, ich habe mir selbst nie ganz eingestanden, wie verzweifelt ich war. Und nie habe ich es ganz verwunden, daß die anderen das Wort »Totaloperation« immer vermieden. Ich weiß, daß ich seitdem das Wort selbst kaum gebraucht habe. Es tut weniger weh, wenn ich statt dessen »die Operation von 1980« sage.

Damals besaß ich nicht genug Einfühlungsvermögen, aber jetzt weiß ich, daß die Schwester nur so hart klang, weil sie selbst litt. Sie wußte nicht, was sie sagen oder wie sie mit meinem Leiden fertigwerden sollte. Sie wollte sich hinter munteren Worten verstecken, aber der ihr peinliche Schmerz blieb. Leider hatte ich ihre unangemessene Dreistigkeit zu ertragen.

Immer und immer wieder bewirkten meine Schmerzen, daß andere mit mir mitlitten: Matthew, Ärzte, Krankenschwestern, meine Familie und Freunde, die sich um mich sorgten und sich meine Heilung wünschten. Es tat ihnen allen weh, mich leiden zu sehen. Der Schmerz, den andere dabei empfanden, hinderte sie oft daran, sich mir zuzuwenden. Mich schmerzte das, weil ich so sehr ihre Zuwendung brauchte. Aber kurze Zeit später erklärte ein Brief von Geoff, einem Freund, den Zusammenhang:

»Dein Leiden ist für viele so schmerzvoll, Jane, und sie können nicht damit fertigwerden, weil sie dich sehr lieben. Wegen dieses Schmerzes können sie ihre tiefe Liebe, die sie dir so gern zeigen würden und nach der du dich sehnst, nicht ausdrücken. Nimm die Liebe dieser vielen an, denn sie ist da.«

Niemand leidet allein. In der Gemeinschaft des Leidens können wir wachsen – in unserer Fähigkeit, andere zu verstehen und ihnen in angemessener Weise zu begegnen. Ich hatte gedacht, die Menschen, die stumm geblieben waren, hätten mich verlassen, aber Geoff lehrte mich, hinter die Worte – oder hinter das Schweigen – der anderen zu sehen.

Meine Odyssee durch das Leiden war sicher nicht sinnlos. Sie zeigte mir, wie ich der realen Situation anderer Menschen begegnen und mich mit ihr identifizieren kann. Der Gedanke, daß ich vielleicht dadurch ein brauchbareres Werkzeug für Gottes Liebe werden könnte, machte mich demütig.

Als die Tage vergingen, erholte ich mich langsam von der Operation. Auf den Gesichtern derer, die mit mir mitgelitten hatten, konnte ich Erleichterung sehen. Alle freuten sich. Ich war dem Tod entkommen, aber war es wirklich nur Gewinn, daß mir das Leben geschenkt worden war? Immer noch war ich schwach. Wäre es nicht besser gewesen, wenn es anders gekommen wäre? Stimmte es etwa nicht, daß »Sterben Gewinn ist«?

Mit dem Schmerz leben

Wenn die Dunkelheit kommt

Christus ist mein Leben, und Sterben ist mein Gewinn. (Philipper 1,21)

Ich wollte ein brauchbareres Werkzeug für Gottes Liebe werden. Und doch erschien mir das Leben sehr oft wie eine große Last. Die langen Kämpfe, bis es nach einer Operation wieder aufwärts ging, sind mir immer noch sehr lebhaft in Erinnerung. Während ich dies schreibe – seit meiner Operation im Jahr 1980 sind sechs Jahre vergangen – erhole ich mich wieder einmal von einem operativen Eingriff.

Wieder einer . . . und wieder einer. Das läßt sich so einfach schreiben, aber dahinter steht jedesmal eine scheinbar unendliche Leidensgeschichte. In gewissem Sinne ist es, als ob ich einen Alptraum hätte, der sich ständig wiederholt. Nur, daß ich ihn nicht träume – ich muß ihn durchleben. Und darin besteht meine tiefe Not. Wenn es nur ein Alptraum wäre, könnte ich darauf hoffen, aufzuwachen und die erlösende Befreiung von den Schmerzen zu erleben. Wie oft war das mein sehnsüchtigster Wunsch. Und wie oft schien mir Sterben als wirklicher Gewinn für mich.

Ich weiß, daß es mir nicht allein so geht. Andere – viele andere – sehnen sich in diesem Leben nach Erlösung. Sie fühlen sich vollkommen eingeschlossen und gefangen von ihren Schmerzen, seien sie körperlicher oder seelischer Art.

Im letzten Monat mußten wir erleben, wie Sylvia, eine flüchtige Bekannte, plötzlich starb.

Bei der Beerdigung beobachtete ich ihren Mann und die drei Kinder, die im Teenager-Alter waren. Obwohl auf ihren Gesichtern Trauer lag, strahlten sie trotzdem eine große Ruhe aus. Sylvias Familie war sich sicher, daß ihre Mutter jetzt bei ihrem Herrn Jesus Christus an einem Ort war, wo es keinen Schmerz und keine Tränen mehr gab.

»Ich darf mir das nicht sehnsüchtig wünschen«, sagte ich mir immer und immer wieder. In meiner Manteltasche ballte ich die Hände zu Fäusten.

Ich sah auf den hölzernen Sarg. Es war, als ob er völlig ohne Bedeutung wäre; ein Nichts. Die Situation erinnerte mich an ein Buch von Saint-Exupéry, das ich gelesen hatte; der kleine Prinz beschrieb darin den Körper eines Toten. »Wie eine verlassene Muschel«, so hatte er gesagt. »An einer verlassenen Muschel ist nichts Trauriges.«

Nein, an Sylvias totem Körper war nichts Trauriges. Die Menschen, die zurückblieben, waren natürlich über ihren Verlust traurig, aber Sylvia hatte keinen Grund dazu. Sie hatte nur gewonnen. Nicht der Anblick des Sarges bereitete mir Schwierigkeiten, sondern ich selbst.

Immer noch war ich in meinem Körper, meinen Schmerzen eingeschlossen. Wie der kleine Prinz vor seinem Tod. Er hatte gesagt: »Ich kann diesen Körper nicht mehr mit mir herumtragen. Er ist mir zu schwer.«

Genau dasselbe empfand ich auch.

An diesem Tag fühlte ich mich besonders schwer belastet. Erst vor einer Woche hatte ich in London einen anderen Arzt konsultiert. Damals wußte ich noch nicht, daß ein weiterer Schub einer Bauchfellentzündung vor mir lag. Ich hatte gehofft, daß man mir bei dieser Konsultation eine neue Behandlung vorschlagen würde, die die sich verschlimmernden Symptome lindern würde; daß ein anderes »hohes Tier« mich vielleicht heilen könnte.

Doch die Konsultation hatte kaum begonnen, als meine Hoffnungen auch schon zerstört wurden. »Sie sind ein Problem«, waren die ersten Worte des Arztes an mich. »Wie können Sie mit Ihrer Krankheitsgeschichte etwas anderes als Schmerzen erwarten?«

Sylvias Begräbnis kam für mich zu bald danach. Ich war nicht in der Lage, den scharfen Gegensatz zwischen der alten, verlassenen Muschel in einem Sarg und meinem eigenen, ständig schmerzenden Körper zu ertragen.

Während des Trauer-Gottesdienstes rang ich mit mir selbst. Während andere vor Trauer leise weinten, kämpfte ich gegen die Tränen an. Ich durfte die Beherrschung nicht verlieren. Hätte ich auch nur eine Träne geweint, wäre es nicht bei einem kleinen, leisen Schluchzen geblieben, das wußte ich. Ich hätte unbeherrscht losgeheult. Ich hätte mich meinem Herrn Jesus, meinem Vater zu Füßen geworfen. Ich hätte nicht aufhören können zu weinen, unfähig, die Aussicht auf die kommenden, bitteren Jahre zu ertragen.

»Ich kann es nicht ertragen, Herr. Ich kann es nicht. Ich *kann es nicht*!« hätte ich geschrien. »Was verlangst du von mir? Was machst du mit mir? Es ist zuviel. Wenn Schmerzen mein Leben sind, dann will ich es nicht. Ich will dieses Leben nicht.«

Und ich war nicht nur wegen meiner eigenen Schmerzen so aufgewühlt. »Herr, sieh nur, wie Matthew soviel erträgt, ohne ein Wort zu verlieren. Wenn ich in seine Augen blicke, sehe ich in ihnen den Spiegel meiner ganzen Leidensgeschichte. Ich fühle mich so hilflos. Ich bin der Hauptdarsteller bei diesem Drama, doch ich habe keine Möglichkeiten, die Handlung zu verändern. Herr, bitte laß es aufhören!«

Aber ich ließ mich nicht so gehen. Irgendwie schaffte ich es, nach außen hin ein wenig Gelassenheit und Ruhe zu bewahren. Doch es war schwer. In diesem Moment erschien alles schwer – all meine Schmerzen, das Leben selbst, sogar Gott.

Und die ganze Zeit über stand da der Sarg. Tot. Für eine alte, verlassene Muschel war nichts mehr schwer. Sterben war Gewinn.

Es war bitter, daß dies beinahe mein Begräbnis hätte sein können. Nicht nur einmal, sondern mindestens dreimal wäre ich fast gestorben. Der Gedanke hatte für mich nichts Erschreckendes. Doch als wir uns zu einem Lied erhoben, packte mich bei den lebhaft zurückkehrenden Erinnerungen an diese Geschehnisse Entsetzen.

Das Erlebnis, das in meiner Erinnerung an erster Stelle steht, geschah 1979. Ich lag auf dem Operationstisch, als ich plötzlich merkte, daß ich alles hören konnte, was um mich herum passierte. Irgendwie fühlte ich mich von allem erstaunlich losgelöst, als ob ich nur ein interessierter Zuschauer sei. Ich hörte den angespannten Stimmen um mich herum zu:

»Sie braucht mehr Sauerstoff.«

»Ihr Puls ist sehr schnell.«

»Ihr Blutdruck ist noch mehr gefallen.«

Dann brüllte die autoritäre Stimme eines Mannes: »Etwas Plasma. Schnell, Schwester.« Das Geräusch von davonlaufenden Holzschuhen auf dem Steinboden nahm ab und kehrte wieder.

»Wo ist denn das Plasma?« Die Schwester war völlig aufgelöst.

›Armes Mädchen‹, dachte ich und erinnerte mich an meine erste Zeit als Lernschwester, als ich noch nicht wußte, wo sich alle Geräte und Gegenstände auf den jeweiligen Stationen und Abteilungen befanden.

Die Stimme des Mannes wurde lauter, als er entgegnete: »Zum Teufel, das ist mir egal. Nur her damit. Schnell.«

Ich fühlte mich von allem losgelöst. Es interessierte mich nur, warum sie das Plasma so schnell für mich brauchten. Ich wußte auch, wo es sich befand. ›Im zweiten

Fach, über der Dextrose-Lösung‹, hätte ich gern hilfsbereit gesagt. All dies passierte zwar, aber es schien mich in keiner Weise zu berühren. Ich empfand keine Last. Warum machten sie sich Sorgen? Ich fühlte mich unbeschreiblich frei und leicht.

»Sie atmet nicht.« Das war die Stimme des Mannes.

Aber was machte das schon aus? Mir ging's wunderbar.

»Blutdruck ist sehr niedrig. Tropf schneller laufen lassen.«

Sie machten wirklich ein Theater. Anscheinend wußten sie nicht, daß ich mithören konnte. Und sicherlich konnten sie nicht wissen, wie gut ich mich fühlte.

»Jane? Jane?« Wieder die rufenden Stimmen. »Können Sie einmal tief durchatmen, Jane?« Nein, das konnte ich nicht. Wozu auch? Ich flog, schwerelos und frei.

»Das Laryngoskop, bitte.« Die Stimme des Mannes brach immer wieder in meine Freiheit ein. Plötzlich wurde mein Kinn nach oben gestoßen. Hände drückten meinen Kiefer und Hals zusammen. Ein riesiges, metallenes Instrument wurde in meinen Mund gedrückt, am Zäpfchen vorbei. Ich konnte nicht entkommen. Ich konnte nicht um Hilfe schreien.

Die Geschäftigkeit ließ nach, aber ihr Überfall auf mich hatte erst begonnen. Ich merkte, wie ich unwillkürlich einen Atemzug machte. War es überhaupt ein Atemzug? Eine Schwere kam über mich und erfaßte mein ganzes Sein. Dann leerten sich meine Lungen ebenso schnell, wie sie sich gefüllt hatten.

»Gut«, erklang die Stimme. Gut? Der Mann irrte sich ganz und gar. Das hier war nicht »gut«. Ich fühlte mich jetzt viel schlechter. Die Schwere, die Last des Atmens war entsetzlich. Er hatte mir soeben eine Freiheit und Leichtigkeit genommen, wie ich sie noch nie vorher erlebt hatte. Doch jetzt hatte ich Platzangst, fühlte mich eingeschlossen und von den Schläuchen bedrängt, die mit einer Bandage um den Kopf in meinem Mund befestigt wurden.

Dann hörte ich das pfeifende Ziehen einer anderen Maschine. Das Pfeifen wurde lauter, und ich merkte, wie sich meine Lungen erneut füllten. Pfff-pfff. Sie leerten sich. Eine neue Furcht überfiel mich. Ich war an einen Beatmungsapparat angeschlossen worden.

Das Lied in der Kirche war jetzt fast vorbei. Mein Blick wandte sich wieder Sylvias Familie zu. Sie kannten auch das typische Tack-tack eines Lungenapparats. Sylvias Atmung war ein paar Tage vor ihrem Tod damit aufrechterhalten worden.

Ich hätte ihre Familie gerne beruhigt. ›Im Sterben liegt nichts Schreckliches‹, wollte ich sagen. ›Man fühlt sich einfach nur krank. Es ist, als ob man eine Grippe hätte, aber man erholt sich davon nicht nur vorübergehend. Wenn man stirbt, wird man vor Gottes Angesicht vollkommen heil und gesund. Für immer.‹

Der Gedanke, dabei vor Gottes Angesicht zu stehen, war für mich sehr wichtig. Jedesmal, wenn ich dem Tod sehr nahe gekommen war, hatte ich Gottes Gegenwart sehr deutlich gespürt – ja, so deutlich, daß es mich nicht überrascht hätte, wenn Gott körperliche Wirklichkeit geworden wäre. Dann hätte er seine Hand ausgestreckt und meine genommen. Für Zuschauer wäre das wahrscheinlich der Augenblick meines Todes gewesen, aber für mich hätte es den Beginn wahren Lebens bedeutet.

Aber es hatte keinen Sinn, mein Leid mit dem anderer zu vergleichen.

Sylvias Leiden hatte sich wirklich gelohnt. Es hatte sie zu ihrem Tod geführt, in dem sie Gott von Angesicht zu Angesicht sehen würde. Sie konnte sogar für die erlittenen Schmerzen dankbar sein, denn sie dienten nur als Mittel, um zu dem Ort zu gelangen, wo »Gott alle Tränen abwischen wird«.

Die Gedanken an Sylvia ließen in mir eine Sehnsucht nach der tröstlichen Nähe des Todes, der Nähe Gottes und der tröstlichen Gewißheit einer wunderbaren, dauerhaften Zukunft entstehen. Für mich war es einfach, von der Wahrheit überzeugt zu sein, daß »Sterben Gewinn ist«. Für mich war es völlig klar, daß ich im Tod einen ewigen Gewinn finden würde. Es war jedoch viel schwieriger, die andere Hälfte des Verses auch anzunehmen: »Christus ist mein Leben«. Es kostete mich große Mühe, bis ich erkannte, wie ich Christus in meinem Leben finden konnte, auch wenn es ein Leben voller Leid und Schmerzen war.

Bittere Gedanken stiegen in mir auf. Schließlich war ich selbst schon nahe daran gewesen, bei Gott aufgenommen zu werden, wie es Sylvia jetzt erleben durfte – und doch war ich noch weit davon entfernt. Wäre es nicht das angemessene Ende einer langen Odyssee unerklärlichen Leidens gewesen, wenn ich im Triumph gestorben wäre? Aber das gehörte nicht zu Gottes Plan für mein Leben. Jesus war nicht gekommen, um mich bei der Hand zu nehmen und mich mit Freuden zu seinem Vater zu führen. Er schenkte nicht die Erlösung, auf die wir unsere Erwartungen gesetzt hatten. Statt dessen berief er mich dazu, in meiner Muschel zu bleiben. Er berief mich dazu, auszuharren und mit den Schmerzen zu leben.

Vielleicht führt er mich mit sanfter Hand, aber ich kann nicht behaupten, daß ich es immer als sanft empfinde. Die volle Wucht der Erkenntnis, daß es sein Wille für mich ist, auf diesem zweitbesten Platz – auf der Erde – zu bleiben, ist manchmal niederschmetternd. In solchen Zeiten brauche ich unbedingt Gewißheit darüber, daß Gottes Weg und Zeitplanung perfekt sind.

Einmal wurde mir genau diese Gewißheit geschenkt. Als ich 1980 im Krankenhaus lag – nach der Totaloperation –, wurde ich eines Tages – halb bei Bewußtsein, halb von Medikamenten betäubt – plötzlich von einer großen, geistigen Klarheit erfaßt. Ich hatte nicht den geringsten Zweifel daran, daß die Gedanken, die mir in den Sinn kamen, von größter Bedeutung waren. Ich holte mir einen Stift und ein Stück von einem alten Papiertaschentuch und begann, Satz für Satz zu schreiben.

Gott gab mir für die kommende Zeit der Dunkelheit eine Zusage (im folgenden eine Zusammenfassung des Übersetzers):

»Ich bin nicht erst nah bei dir und fange dich auf, wenn du stirbst, sondern auch dann, wenn du mit deinen Kräften am Ende bist, so am Ende, daß du meinst, es nicht mehr ertragen zu können. Vielleicht spürst du meine Nähe dann nicht, weil dich der Schmerz völlig beherrscht und du dich einsam und völlig verzweifelt fühlst. Aber ich werde alles in meine Hand nehmen, ganz sanft und leise und ohne, daß du es merkst.

Wenn du am Ende bist mit deinen Kräften, ist es schrecklich und dunkel. Aber du kannst sicher sein: Dann wirst du mir in noch größerer Fülle begegnen als jetzt, auch wenn es nur unbewußt geschieht.

Du brauchst keine Angst mehr davor zu haben, denn du weißt: Ich verstehe dich. Ich war in Gethsemane.«

Als ich von Sylvias Begräbnis nach Haus kam, ging ich sofort nach oben und wühlte in meiner Schublade, in der ich alle kostbaren Schriftstücke aufhob, bis ich diese Worte fand. Begierig las ich sie immer und immer wieder. Ja, heute war so ein Tag, von dem Gott gesprochen hatte. Ich fühlte mich am Ende meiner Kräfte, unfähig, mit meinem Schicksal fertigzuwerden. Ganz sicher war Sterben für mich Gewinn. Aber Christus ließ sich nicht nur im Tod finden. Ich entspannte mich ein bißchen, als ich die Zusage für mich in Anspruch nahm, daß Gott trotz allem bei mir war, gleichgültig, wie schwer es mir fiel, es vom *Gefühl* her zu glauben. Das Evangelium sagt nicht nur, daß Gott *aus* Leiden erretten kann, sondern daß er auch *im* Leiden erretten kann. Wenn es Gottes Wille für mich war, am Leben zu bleiben, dann mußte sich Christus auch dort finden lassen.

Ich kniete neben meiner Bibel und schlug die Seligpreisungen auf. »Selig sind, die da geistlich arm sind« (die wissen, daß sie Gott brauchen), las ich. Genau das war ich; ich war geistlich arm. »Ihnen gehört das Himmelreich.«

Dann meinen Lieblingspsalm: »Wie der Hirsch lechzt nach frischem Wasser, so schreit meine Seele, Gott, zu dir.« (Psalm 42,2)

Diese Verse waren die Zusammenfassung meiner Sehnsüchte. Aber ich brauchte noch mehr. Ich brauchte ein Wort der Liebe oder des Zuspruchs von Gott. Ich schlug Jesaja auf und begann, das Kapitel 43 zu lesen. Dann hob ich meinen Kopf und schloß die Augen. Während ich über Gottes Wort – und besonders über den vierten Vers des 43. Kapitels – nachsann, versuchte ich, seine Liebe für mich an- und in mich aufzunehmen.

Ich wußte, daß der Glaube an dieses Wort der einzige Weg war, ein Leben voller Schmerzen auf dieser Erde zu ertragen. Wenn ich diesen Vers wirklich als Gottes Wort für mich hier und heute annehmen konnte, dann wußte ich ohne Zweifel, daß nicht nur »Sterben Gewinn«, sondern auch »Christus mein Leben« war.

Schweigend blieb ich auf den Knien, allein vor Gott, und ließ sein Wort persönlich zu mir sprechen: »Du bist in meinen Augen wert geachtet und herrlich, und ich habe dich lieb.« (Jesaja 43,4)

Hinter dem Schmerz die Liebe

Du bist wert geachtet. (Jesaja 43,4)

Es war im August 1980, und ich fühlte mich nach meiner Operation schon viel kräftiger. Ich freute mich sehr darauf, wieder einmal ein Kloster zu besuchen, in dem Matthew und ich im vorangegangenen Jahr drei segensreiche Wochenenden verbracht hatten. Die »Hysterektomie« sechs Wochen zuvor hatte die Talfahrt meiner Krankheit aufgehalten, und zur Erleichterung aller gewann ich allmählich Gesundheit und Kraft zurück. Aber immer noch fehlte etwas. Das Leben erschien mir nicht mehr so herrlich wie früher. Von meinem alten Enthusiasmus, wieder an allem teilzunehmen, war nichts mehr übrig, und ich verstand nicht, warum.

Als wir beim Kloster in Herfordshire ankamen, fühlte ich mich aber doch recht glücklich. Wir wurden von den fünf Karmeliterinnen herzlich begrüßt, die wir bei unseren früheren Besuchen kennengelernt hatten. Sie waren die »Schwestern der Liebe Gottes«, die ihre Berufung darin sahen, Gottes Liebe durch Gebet in der ganzen Welt zu verbreiten. Diese Liebe war auch in dem Empfang für uns zu spüren. Als sie Matthew und mir unsere getrennten kleinen Zimmer zeigten, war ich voller Hoffnung, daß mir unsere drei Tage im Kloster helfen würden, mich in jeder Beziehung wieder aufzurichten.

Wir besprachen nur ein paar Einzelheiten über die Mahlzeiten, bei denen nicht geredet wurde, und über ein paar andere technische Dinge, dann gingen die Schwestern wieder an ihre eigene kontemplative Arbeit. Schwester Rachel verließ mich mit einem gütigen Lächeln, um mir »die Gelegenheit zu geben, den Frieden und die Stille zu genießen«, und schloß die Tür.

Plötzlich fühlte ich mich schrecklich allein. Ich hatte erwartet, Ruhe und Frieden in der Stille zu finden. Statt dessen fühlte ich mich plötzlich völlig verwirrt. In meinem Kopf schwirrten lauter Gedanken und Gefühle durcheinander, die alle lautstark nach meiner Aufmerksamkeit verlangten.

Stimmte etwas mit mir nicht? Ich hatte gute Fortschritte gemacht und befand mich auf dem besten Weg zur Besserung. Und ich war schwer krank gewesen, ich hatte an der Schwelle zum Tod gestanden, aber ich hatte es überwunden. Da hätte ich mich doch eigentlich mit all denen freuen müssen, die für diese Heilung gebetet hatten. Warum war mein Herz nicht voller Lob und Dank Gott gegenüber? Unzufrieden mit mir selbst, daß ich sogar an einem so ruhigen Ort keinen Frieden finden konnte, entschloß ich mich, auf dem weitläufigen Gelände einen Spaziergang zu machen. Vielleicht würde ich dann nicht nur diesem Zimmer mit seiner eintönigen Schlichtheit, sondern auch meinen Gedanken entrinnen können.

Ich setzte mich auf eine Holzbank am Fischteich. Das Wasser glitzerte im sommerlichen Licht. Nach rechts und nach hinten erstreckten sich die Gemüsegärten den Hang hinunter, alle systematisch angeordnet. Dahinter sah man große, braune Netze, die über säuberlich gepflanzte Sträucherreihen gespannt waren. Alles war von Ruhe und Ordnung geprägt. Ich schloß die Augen, um die milden Strahlen der Sonne zu genießen, und versuchte, etwas von diesem Frieden in mich aufzunehmen. Ich hörte das Gezwitscher der Vögel, das nur von dem sanften Scharren einer Hacke unterbrochen wurde, mit der wohl eine Schwester den sorgfältig bestellten Boden bearbeitete.

Ich mußte an einen meiner früheren Besuche im Kloster denken. Damals war ich mit dem Leben völlig zufrieden gewesen – auf einem Höhenflug meiner Leistungen. Man hatte mir gerade erst eine Stellung als Krankenschwester in der Forschung angeboten, wo ich mit einem Universitätsprofessor und zwei Ärzten zusammenarbeiten würde. Diese früh erfolgte Beförderung war für meine berufliche Laufbahn ein sehr wichtiger Schritt.

Außerdem hatte ich für eine fachliche Abhandlung eine staatliche, vom Royal College of Nursing* verliehene Auszeichnung erhalten; ich war als Ehrengast zu einer Cocktail-Party in die üppig ausgestatteten Räume des Royal College in London eingeladen worden, und man hatte mir das Gefühl gegeben, eine sehr bedeutende Persönlichkeit zu sein. Dieses Ereignis führte zu dem Angebot, ein Lehrbuch für Krankenschwestern zu schreiben. Mit vierundzwanzig Jahren fühlte ich mich außerordentlich geehrt. Ich schien einen wertvollen Beitrag für die Gesellschaft leisten zu können. Meine Leistungen gab mir das Gefühl, ein sinnvolles Leben zu führen und deswegen selbst wertvoll zu sein.

Ich überlegte, wie sehr mein Denken damals an einem Wochenende im Kloster verändert worden war. Voller Selbstbewußtsein war ich angekommen, doch schon am nächsten Morgen wurde ich mit einem Ruck wieder auf den Boden der Tatsachen zurückgeholt. Ein Zettel war unter meine Tür geschoben worden. Ich erkannte die Handschrift von Mo. Sie war eine Studentin von Matthews College, die mitgekommen war. Sie hatte für mich ein einfaches Gedicht abgeschrieben, das ich in unserer Zeit der Stille meditieren sollte:

»Ich warte auf dich, mein Kind.
Ich wünsche mir deine Liebe,
mehr als alles andere, was du geben kannst.
Nicht dein Dienen,
nicht deine Bemühungen und Versuche, mir
oder anderen zu gefallen.

* Ausbildungsstätte für Krankenschwestern mit internationaler Anerkennung

Ich möchte, daß du mich liebst;
daß du mich liebst von ganzem Herzen,
ganzer Seele und ganzem Gemüt.
Das ist das vornehmste Gebot,
es ist wichtiger als alles andere.
Ich brauche deine Liebe,
Gemeinschaft, Hingabe und Anbetung.
Ich möchte, daß du von dieser einen Sache
nicht abweichst.

Mein Geist wohnt in dir,
um dich zu befähigen,
um dich zu bevollmächtigen,
um dein Herz mit Liebe zu füllen.

Aber ich wünsche es mir nicht nur manchmal,
sondern immer.«

Das Gedicht hatte mich in meiner Fahrt gebremst. Es wies mich darauf hin, daß Gott mehr an einer Vertiefung meiner Beziehung zu ihm gelegen war als an wunderbaren Taten, die ich mit meinen von ihm geschenkten Begabungen ausführte. »Ich wünsche mir deine Liebe mehr als alles andere, was du geben kannst« – sogar mehr, als meine für ihn erbrachten Leistungen. Es war für ihn wichtiger, wer ich war, als alles, was ich im Leben tat oder erreichte.

Als ich jetzt auf der Bank am Fischteich an meinen früheren Besuch im Kloster dachte, schien sich plötzlich etwas in meinem Kopf zu einem Bild zusammenzufügen. Konnte es sein, so fragte ich mich, als ich wieder aufstand und weiterging, daß ich die Lektion von Mos Gedicht vergessen hatte? Hatte ich wieder die Denkart unserer Gesellschaft über den Wert der Menschen übernommen und Gottes Perspektive vergessen? Das wäre sicher eine Erklärung, warum ich mich in meiner eigenen Gesellschaft so unglücklich fühlte. In krassem Gegensatz zu dem starken

Selbstbewußtsein, das ich damals besaß, hatte ich jetzt keine »Leistungen« mehr, auf die ich stolz sein konnte. Während der letzten sechs Monate war mir nichts anderes übriggeblieben, als passiv eine Krankheit zu erdulden. Während dieser Zeit konnte ich mir nicht durch Leistungen das Gefühl »verdienen«, im Leben etwas Besonderes darzustellen. Im Gegensatz zu meinem letzten Besuch hatte ich jetzt kein äußeres Maß für meinen Wert.

Das sanfte Läuten einer Glocke unterbrach meine Gedanken. Langsam wanderte ich den Hang hinauf zur Kapelle. Aber mein Geist war nicht bei der zehnminütigen, gesungenen Andacht. Ich war erleichtert, daß wir hinterher direkt zum Mittagessen gingen; auf Grund der Schweigeregel wurde nicht von mir erwartet, daß ich mich an irgendeiner höflichen Unterhaltung beteiligte. Im Speisesaal suchte ich mir einen Platz, von wo aus ich den Garten überblicken konnte. Ich hatte das Gefühl, meine Stimmung würde sich dadurch heben. Denn die Natur schien trotz der Lasten, die mich niederdrückten, ihre alte Ordnung nie zu verlieren.

Ich erinnerte mich sehr lebhaft an ein Erlebnis, bei dem mir gesagt worden war, daß ich wertvoll sei – nicht mit Worten, sondern mit Tränen. Es war während der vorangegangenen viermonatigen Krise im selben Jahr. Eine sehr liebe Freundin, Jennie, hatte wieder einmal ihr Baby zu Hause gelassen, um sich zu mir auf die Reise zu machen. Sie hatte gewußt, wie krank ich war, und hatte damit zeigen wollen, wie sehr ich ihr am Herzen lag.

Der Tag, an dem sie kam, war einer meiner schlimmsten. Ich war wegen der rasenden, brennenden Schmerzen ganz von Sinnen und hatte mich auf der mir nur allzu bekannten Station sogar verlaufen. Auch hatte ich keine Beherrschung mehr über meine Körperfunktionen. Die Schwester holte für mich einen Arzt aus dem OP, weil sie wußte, daß es mit mir bergab ging. Als er kam, war ich nicht mehr in der Lage, auf seine Fragen zu antworten. Ich starrte einfach durch ihn hindurch.

Es war ein kritischer Tag: ein Tag, an dem ich meinen Lebenswillen aufgab, meinen Antrieb, wieder gesund zu werden. Der Arzt, so wurde mir später gesagt, war ganz bestürzt über meinen Zustand, wahrscheinlich weil er wußte, daß kein Mediziner einen Patienten davor bewahren kann, seinen Lebenswillen aufzugeben. Er erkannte, wie es um mich stand. Meinen Zustand beschrieb er als »Todesspirale«. Er wußte, daß ich kaum noch in der Lage war, mehr zu ertragen. Ich war vollkommen ausgebrannt. An diesem Tag kapitulierte ich einfach.

Später kam Jennie. Sie versuchte nicht, mich mit philosophischen Lebensbegründungen aus meinem Tief zu lokken. Sie weinte einfach. Sie muß sofort gespürt haben, wie es um mich stand und wie ich mich fühlte, denn ich erinnere mich, daß ich schon Tränen in ihren Augen sah, als sie ihren Mantel ablegte. Sie zog den am nächsten stehenden Stuhl noch näher zu mir heran, nahm meine apathischen Hände in ihre beiden und schluchzte. Sie vergrub ihr Gesicht in ihre und meine Hände, küßte und streichelte meine Hände, als wären sie etwas sehr Wertvolles. Obwohl ich ziemlich apathisch gewesen sein muß, gab sie mir das Gefühl, wertvoll zu sein.

Ich danke Gott dafür, daß Jennie so weinte. Manche Menschen hätten ihre natürliche Reaktion unterdrückt und versucht, mir nicht noch mehr Probleme zu schaffen, indem sie ihre Not offen zeigten. Aber Jennie machte mir dadurch meine eigene Situation plötzlich bewußt. Auf einfachster Ebene war sie sie selbst – und dadurch der erste Mensch, den ich an diesem Tag erkannte. Sie holte mich aus meiner Erstarrung.

Aber sie tat noch mehr. Ihre Tränen zeigten mir, daß ich ihr nicht gleichgültig war. Sie weckte die erste Regung in mir, mich von meinem einzigen Wunsch zu lösen: Die

Schmerzen nicht noch länger ertragen zu müssen. Jennie merkte, daß ich den Kampf aufgegeben hatte, und ich spürte, wie sehr sie es sich wünschte, wieder einen Lebensfunken in mir zu sehen. Durch ihre Tränen sagte sie mir, daß mein Leben tatsächlich wertvoll war.

Diese Erinnerung tröstete und beunruhigte mich jetzt gleichzeitig. Es war ein Trost für mich, an Jennies offen gezeigte Liebe zu denken; doch es erschreckte mich, daß ich mir fast wünschte, diese Szene würde sich noch einmal wiederholen, weil ich noch einmal den gleichen Trost erfahren wollte.

Ich beobachtete, wie draußen ein Eichhörnchen einen Baum hinaufhuschte, und ahnte, warum ich nicht besonders dankbar für mein wiedergeschenktes Leben war. Das Problem bestand darin, daß ich nicht wirklich daran glaubte, wertvoll zu sein – für Gott wertvoll zu sein. Ich glaubte nicht mehr daran, daß ich im Leben noch einen wertvollen Beitrag leisten konnte. Dadurch hatte ich jetzt offensichtlich mein Selbstwertgefühl verloren. Die geistliche Lektion, die ich – wie ich dachte – aus Mos Gedicht gelernt hatte, war bloßes Kopf-Wissen, aber keine Herzens-Überzeugung gewesen. Gottes tröstliche Worte bedeuteten für mich keine Ermutigung. Ich hatte den Sinn verloren für die Wahrheit und Realität seiner Verheißung: »Du bist in meinen Augen wert geachtet und herrlich, und ich habe dich lieb.« Meine Reaktion darauf war, daß ich ein wenig verlegen antwortete: »O Gott, das ist aber nett von dir.« Aber ich fühlte mich kein bißchen anders.

Ich blickte kurz zu Matthew hinüber, der etwas verschämt aus seiner Holzschale aß, wie sie jeder im Kloster benutzte. Was er wohl dachte? Er mußte mehr als jeder andere die Kosten dafür mittragen, daß ich noch am Leben war; er war für mich während der Krise und auch während der langen Zeit der ständigen Schmerzen eine so große Stütze gewesen. Aber er machte nie eine Andeutung, daß mein Leben auf Grund der Schmerzen nicht lebenswert sei, obwohl auch er dafür zahlen mußte. Ihm schien mein Leben nicht nur eine Last zu sein – so wie mir.

Meine Augen füllten sich mit Tränen, als ich wieder daran denken mußte, daß ich mich nur als Last empfand: Als Last für mich selbst, weil ich Schmerzen und Übelkeit ertragen mußte, und als Last für andere, die meine Einschränkungen und Klagen hinnehmen mußten.

Plötzlich merkte ich, daß Schwester Rachel mich ansah. Ich war so sehr in Gedanken gewesen, daß ich die Anwesenheit der anderen ganz vergessen hatte. Aber es war schon zu spät.

Am späteren Nachmittag klopfte jemand sacht an meine Zimmertür. Da wußte ich, daß Schwester Rachel meine Niedergeschlagenheit bemerkt hatte. Sie setzte sich auf mein Bett und fragte mich, wie es mir ginge.

»Ich weiß nicht«, gab ich dumpf zur Antwort. »Ich weiß es einfach nicht.« Ich war zu verwirrt, um mir gegenüber objektiv zu sein.

»Sie sind durch eine schwere Prüfung gegangen«, sagte Schwester Rachel mit Nachdruck. »Körperlich haben Sie viel durchgemacht. Jetzt brauchen Sie etwas Zeit, um geistig und emotional aufzuholen.«

Ich lächelte und wurde ein bißchen entspannter. Es war für mich eine große Erleichterung, so vollkommen angenommen zu werden. Schwester Rachel besaß sehr viel Einsicht und Weisheit. Ich hatte das Gefühl, daß ich ihr anvertrauen konnte, was mich so bedrückte.

»Ich weiß, daß ich Gott eigentlich dafür dankbar sein müßte, daß er mich geheilt hat«, begann ich zögernd. »Aber ich bin einfach nicht glücklich darüber, am Leben zu sein.«

»Eine Art Lebensmüdigkeit?« Schwester Rachel runzelte ein wenig die Stirn.

»Nein. Ich habe nicht aktiv den Wunsch zu sterben. Dazu fühle ich mich viel zu passiv. Ich habe einfach keine Lebensfreude mehr.«

»Sie sind äußerst geschwächt, Jane; nicht nur körperlich, sondern in jeder Beziehung. Jeder, der so krank war wie Sie, muß sich so fühlen, ganz abgesehen von den Schmerzen, mit denen Sie noch tagtäglich zu kämpfen haben. Sie sind ein starker Mensch. Sie erwarten von sich, daß Sie alles mit links machen, aber Sie setzen sich damit zu hohe Ziele.« Ihre Augen zwinkerten liebevoll.

Da ich mich durch ihren Zuspruch ein wenig getröstet fühlte, wagte ich weiterzusprechen. »Aber es ist nicht nur das. Heute morgen habe ich erkannt, daß ich mich für keinen besonderen Menschen halte.« Mehr konnte ich nicht sagen, aus Angst, durch meine Stimme zu verraten, wie nahe ich einem Zusammenbruch war.

»Haben Sie dabei nicht vielleicht die vielen Gesten der anderen vergessen, die Ihnen gezeigt haben, wieviel Sie ihnen wert sind? Sie haben mir selbst davon geschrieben.«

Sie hatte recht. Man hatte mir auf jede mögliche Weise Aufmerksamkeit entgegengebracht: Angefangen bei Menschen, die mir einfache, aber liebevolle Botschaften durch Karten oder Blumen geschickt hatten, bis hin zu Menschen, die ganze Wochen aufbrachten, um im Haushalt mitzuhelfen.

»Ja, das hat mir schon geholfen. Aber es hat mir nicht dieses untergründige Gefühl genommen, daß ich jetzt in meinen Möglichkeiten, mein Leben zu gestalten, enorm eingeschränkt bin. Es wäre wirklich nicht so schlimm, wenn ich nicht mehr auf dieser Welt wäre. Wenn ich gestorben wäre, als wir es erwartet hatten – dann wären wohl alle traurig gewesen, aber sie wären schon darüber hinweggekommen. Das Leben wäre auch ohne mich weitergegangen. Ist es denn so wichtig, daß ich noch da bin? Was heißt denn eigentlich: ›Du bist wert geachtet?‹«

Ich blickte sie zweifelnd an, aber ihr gebeugter Kopf

zeigte mir, daß sie bereit war, noch weiter zuzuhören.

»Soweit ich das verstehe, bedeutet es, daß ich mir selbst immer wieder sage: ›Mach weiter, Jane. Gott erklärt dir, daß dein Leben lebenswert ist, also mußt du ihm vertrauen. Du mußt dich weiter durch die Schmerzen kämpfen. Du mußt versuchen, das Leiden geduldig zu ertragen.‹ Aber das ist schwer ... so schwer.« Die Stimme versagte mir.

Dann herrschte Stille zwischen uns, aber ich wußte, daß Schwester Rachel sich nicht unbehaglich fühlte. Die Ruhe auf ihrem Gesicht gab mir den Mut, mich noch weiter zu öffnen.

»Wahrscheinlich liegt die Schwierigkeit darin, daß ich meine Selbstachtung davon abhängig mache, was andere von mir halten. Ich tue alles, damit meine Leistungen bemerkt werden, sei es bei der Arbeit, sei es unter Freunden oder in der kirchlichen Gemeinschaft. Es macht mir Freude, mich einzusetzen, denn es trägt Früchte; ich gewinne dadurch den Eindruck, daß ich im Leben anerkannt werde. Und Anerkennung gibt mir das Gefühl, wertvoll zu sein.«

Schwester Rachel nickte verständnisvoll. Sie wußte, was es hieß, sich selbst zu sterben. Zu lernen, die eigenen Wünsche und Ziele aufzugeben, war Teil ihres Gelübdes, das sie als Schwester abgelegt hatte.

»Diese Krankheit hat mich in eine Rolle gezwungen, in der ich mich nicht mehr so einsetzen kann, wie ich will. Statt dessen kann ich nur empfangen. Sie haben gerade all die Aufmerksamkeit erwähnt, die man mir entgegengebracht hat. Vielleicht denken manche, daß ich mich wertvoll fühlen muß, weil ich soviel Freundlichkeiten von denen erhalte, die mir helfen wollen. Aber ich bin es so gewöhnt, mir das Gefühl, wertvoll zu sein, zu ›verdienen‹, daß es schwierig für mich ist, nicht mehr selbst etwas zu geben, sondern nur noch passiv zu empfangen.«

Ich fühlte mich schon besser, weil ich das alles einmal

aussprach. Noch bevor Schwester Rachel redete, hätte ich ihre Antwort beinahe vorhersagen können.

»Aber unser Herr Jesus Christus denkt über die Bedeutung und den Wert eines Menschen anders als wir. Er möchte, daß wir die Gewißheit erlangen: Wir sind für ihn wertvoll, gleichgültig, in welchem Zustand wir uns befinden. Er schätzt uns für das, was wir in der Tiefe unserer Seele sind.«

Die Weisheit ihrer Worte ließ mich schließlich schweigen. Bevor mich Schwester Rachel verließ, bat sie mich noch, über einen Vers nachzudenken – Psalm 46, Vers 11: »Seid still und erkennt, daß ich Gott bin.«

»Nehmen Sie sich für dieses Wort etwas Zeit«, sagte sie zuversichtlich. »Es könnte Ihnen jetzt eine Hilfe sein.«

Ich dachte zuerst, die Bedeutung dieses Verses sei doch ziemlich offensichtlich. Denn was machte ich im Kloster anderes, als still zu werden? Aber ich bewunderte Schwester Rachel sehr. Sie lebte schon solange mit ihrem Herrn; alles, was sie sagte, war wert, ernstgenommen zu werden.

Bei allem, was ich von nun ab tat, hatte ich den Vers immer vor Augen – beim Zähneputzen, beim Essen und beim stillen Knien vor dem Kreuz in der kleinen Kapelle. In meiner Bibellese stieß ich am nächsten Tag auf einige lateinische Worte: »Vacate et videte« – werdet leer und seht. Nachdenklich starrte ich in das prasselnde Holzfeuer neben mir.

›Also‹, sagte ich zu mir selbst, ›das ist der Schlüssel. Ich muß mich selbst aller Dinge entledigen, die meiner Selbstbefriedigung dienen, und mit leeren Händen zu Gott kommen. Er ist an meinen Leistungen nicht interessiert. Er will nur mich, in meiner Leere. Nur dann kann er das tun, was er in mir tun will.‹

Während der folgenden Monate nahmen diese Überlegungen in meinen Gedanken den ersten Platz ein. Ich merkte, daß ich nicht mehr gleich den Mut verlor, wenn ich mit den Grenzen konfrontiert wurde, die mir durch die ständigen, aber nicht übermäßigen Schmerzen gesetzt waren. Dann – es war um die Weihnachtszeit – wurden diese Gedanken über das »Tun« und »Sein« von einer Freundin bestätigt. Sally schrieb in ihrem Weihnachtsbrief:

»Wenn ich über all das Getane in diesem Jahr schreibe, bin ich mir doch völlig im klaren, daß es nur der Zuckerguß auf der Torte ist; das allerwichtigste Werk ist die Arbeit, die der Geist Gottes in unserem Leben vollbringt.«

Schaue ich zurück, dann weiß ich, daß der an mir wirkende Geist Gottes viel von meinem »Tun« weggenommen hat. Er ist wie ein Gärtner, der eine wertvolle Pflanze, einen wertvollen Baum beschneidet; aber er hat nicht nur Totes oder Unbrauchbares weggeschnitten, sondern auch die Triebe, die fruchtbar und gesund in mir gewachsen sind. Genau das meint Jesus, wenn er sagt: »Eine jede Rebe, die Frucht bringt, wird er (Gott) reinigen, daß sie mehr Frucht bringe.« (Joh. 15,2)

Daß Gott so manche Bereiche aus meinem Leben herausschnitt, war manchmal nicht leicht. Hin und wieder hatte ich das Gefühl, daß er dabei so rücksichtslos vorging und mir dabei so weh tat, als könnte ich für ihn gar nicht wertvoll sein. Aber ich weiß, das stimmt nicht. Wieder war es ein Gedicht, das mich lehrte, über diese schmerzvollen Verluste hinwegzusehen und darauf zu vertrauen, daß er damit ein wunderbares Ziel verfolgt:

»Allein der Zweig, der Früchte trägt,
der muß das Messer spüren;
damit die Zahl der Früchte wächst,
soll's Leben ihm gebühren . . .

Es ist der göttlich' Liebe Hand,
die fest das Messer hält;
sie schneidet zärtlich, soll's gelingen,
daß Reben, die schon Früchte tragen,
jetzt noch mehr Früchte bringen.«

Wieviel mein himmlischer Vater auch von mir verlangt hat, nie ist es ohne Bedeutung, ohne wunderbares Ziel, auch wenn es gelegentlich gar nicht so wunderbar aussieht. Es würde mich weder überraschen, noch meinen Glauben schwächen, wenn auch fruchtbare Bereiche meines Lebens weggenommen würden. Aber das läßt sich leichter schreiben, als ertragen. Keine noch so große Annahmebereitschaft mindert die furchtbare Realität des Leidens.

Manchmal ist es schwierig, zwischen der Arbeit des Geistes Gottes und den Bestrebungen seines Feindes zu unterscheiden. Sie wollen vielleicht beide fruchtbare Bereiche meines Lebens wegnehmen, aber aus sehr verschiedenen Gründen. Mein himmlischer Vater nimmt nur etwas weg, um einem noch reicheren Wachstum Raum zu schaffen. Sein Feind dagegen will, daß ich voll Bitterkeit, Groll und Selbstmitleid werde.

Ich muß meinem himmlischen Vater vertrauen, daß er nie etwas aus meinem Leben herausschneidet, ohne es mit liebender Hand zu tun und die Wunden seines Eingriffs auch wieder zu verbinden. Nie ist es sein Ziel, zu zerstören, denn er sagt eindeutig: »Du bist wert geachtet.«

Ich weiß, daß er sich um mich kümmert, auch wenn ich – zumindest bis jetzt – die zärtliche Seite seiner Liebe noch nicht wirklich gespürt habe.

Die praktischen Auswirkungen des Geistes Gottes, der an uns arbeitet, können scheinbar äußerst hart sein. Schon oft habe ich das Lied gesungen:

»Geist des lebendigen Gottes,
komm ganz neu auf mich herab . . .
Breche, schmelze,
forme, erfülle mich.«

Gott hat dieses Gebet beantwortet, und er tut es immer noch. Er hat mich zerbrochen, und als ich den Schmerz des

Zerbrechens fühlte, wurde mir klar, wieviel einfacher es ist, das Lied zu singen, als es tatsächlich zu erleben.

Gott hat das körperliche Leiden benutzt, um mich zu zerbrechen. Im täglichen Leben gibt es viele kleine Hinweise, die mich an die Zerbrochenheit und Unvollkommenheit meines Körpers erinnern. Wenn ich die Narben von zwölf Unterleibsoperationen betrachte, muß ich daran denken, daß meine körperliche Zerbrochenheit auch eine seelische Zerbrochenheit darstellt. Durch körperliche Eingriffe hat Gott mich »geöffnet« und mir Bereiche in mir selbst gezeigt, die ich vielleicht lieber nicht gesehen hätte. Aber er hat es getan, um mich neu zu formen.

Manchmal genügt schon die geringste Kleinigkeit, um mich daran zu erinnern, daß mir ein Teil meines Frauseins genommen wurde. Immer, wenn ich zum Beispiel die Automaten auf den Damentoiletten sehe, fühle ich mich ein bißchen weniger fraulich. Ich weiß, ich sollte auch die Vorteile bedenken, und ich bin froh, die monatlichen Beschwerden der Frauen loszusein, aber ich fühle mich auch ausgeschlossen, unvollkommen, zerbrochen.

Gott ruft uns alle dazu auf, uns zerbrechen zu lassen, genauso, wie er zerbrochen wurde. Als Jesus mit den Jüngern im Obergemach das Abendmahl feierte, nahm er einen ganzen Laib Brot und brach ihn in Stücke, als bildliche Darstellung seines körperlichen Leidens. Er ruft seine Jünger in die Nachfolge.

Gott hat mich geschmolzen. Eine angenehme, sanfte Wärme wäre mir wahrscheinlich lieber gewesen, gerade warm genug, um mich in Gottes Geist erglühen zu lassen, aber nicht so heiß, um mich zu schmelzen. Statt dessen hat er mich durch ein loderndes, brennendes Feuer geschickt, so, wie auch Gold nur in einem Schmelzofen geschmolzen werden kann. Dieses Feuer der Läuterung war so heiß und so schmerzhaft, daß ich mich oft gefragt habe, wie ich überhaupt auf den Gedanken kommen konnte, Gott darum zu bitten. Doch vom Verstand her weiß ich, daß Gott es nur deswegen getan hat, weil er mich so wertschätzt. Er ist so sehr an der Qualität meines Lebens interessiert, daß er mich im Feuer läutert – weil ich wertvoll bin.

Rückblickend kann ich klar erkennen, daß Gott eine ganze Menge Unrat aus meinem Leben weggebrannt hat, und daß sein Feuer, so unerträglich es auch sein mag, meinen Glauben doch gestärkt hat, so wie Petrus es schreibt: »Euer Glaube (ist) echt und viel kostbarer als Gold, das durchs Feuer geläutert wird ...« (1. Petr. 1,7)

Gott formt mich, und während ich geformt werde, muß ich lernen, geschmeidiger zu werden, damit er mich so umgestalten kann, wie er will. Er arbeitet ständig, genau wie ein Töpfer, der nicht von seinem Ton läßt. Ich weiß, daß ich mich mit jedem weiteren Ausbruch der Krankheit verändere, weil Gott wieder eine scharfe Kante von mir abschlägt, aber manchmal fühle ich mich müde und schwindlig vom Drehen auf der Töpferscheibe. Dann richtet sich mein Blick auf die Menschen, die es nicht so schwer zu haben scheinen, und die Falle des Selbstmitleids schnappt zu.

Doch ich weiß, Gott bereitet es kein Vergnügen, seine Kinder leiden zu lassen. Er formt mich nur deswegen immer weiter, weil es ihm Freude macht, Gefäße nach seinen Entwürfen zu schaffen. Ich lerne allmählich, nicht mehr von seiner Töpferscheibe herunterspringen zu wollen, sondern mich mehr in seine Hand zu geben. Langsam fange ich an, aufrichtig zu beten: »Dreh auch heute deine Töpferscheibe weiter, damit deine Hände mich nach deinen Wünschen formen können.«

Das Zerbrechen, Schmelzen und Formen läßt schließlich ein Gefäß entstehen, das gefüllt werden kann. Im Kloster zeigte mir der Herr deutlich, daß für ihn der Wert meines Lebens in meinem *Leersein* liegt. Damals wurde mir klar, daß ich nur dann von ihm erfüllt sein kann, wenn ich ihm Raum schaffe, und das bedeutet, mich selbst leer zu machen. Der Heilige Geist mußte schwer daran arbeiten, meine harte Schale aufzubrechen, mich bis zum Kern zu schmelzen und mich schließlich zu formen. All diese Arbeiten, die noch im Gang sind, waren notwendig, um mich von ihm füllen zu lassen.

Und Gott hat mich auf stille, undramatische Weise gefüllt. Manchmal wäre es mir zwar sicher lieber gewesen, erfüllt zu bleiben, als wieder und wieder die gewagte Bitte auszusprechen, unter Schmerzen gebrochen, geschmolzen und geformt zu werden. Aber Gott sehnt sich danach, daß ich weiter wachse und noch mehr von ihm erfüllt werde. Er will weiter an mir arbeiten, weil ich wertvoll bin.

Immer wieder muß ich meinen Blickwinkel neu einstellen. So vieles, was ich um mich herum sehe, birgt die Gefahr, daß ich mir vorgaukele, die Leistungen eines Menschen machten seinen Wert aus. Dann werde ich von der Angst erfaßt, meine Krankheit könnte mir meinen Wert rauben. Aber Gott sieht die Dinge anders. Er liebt mich für das, was ich bin, und nicht so sehr für das, was ich tun kann. Und wenn es nun gerade mein Leiden war, das mich dazu gezwungen hat, diese tiefe und lebenswichtige Wahrheit zu erkennen – sollte ich dann nicht eher dazu bereit sein, es anzunehmen, als mich dagegen aufzulehnen?

Trotzdem besteht eine Spannung zwischen dieser Wahrheit und der Tatsache, daß es auch derselbe Gott ist, der beim Anblick seines leidenden Volkes mit Vollmacht gesagt hat: »Sei geheilt.«

Unerhörtes Gebet?

Sei geheilt! (Markus 5,34)

Es bedeutete eine große Erlösung und Befreiung für mich, daß ich anfing, mein Leben auf dem Felsen der Liebe Gottes zu mir zu bauen – unabhängig davon, was ich für ihn leisten konnte. Aber ich durfte nicht zulassen, daß ich dadurch in eine völlig passive Lebenshaltung geriet. Ich weiß, Gott kann allen Schmerz wegnehmen. Ich habe seine Kraft schon bei anderen wirksam werden sehen, und natürlich habe ich von seinen Wundern während seines Erdenlebens gelesen. Könnte er nicht auch in mein Leiden eingreifen und seine große, heilende Macht dazu benutzen wollen, all meinen Schmerzen ein Ende zu setzen?

Einmal wurde mir in aller Klarheit gesagt: »Sie müssen Gott dafür danken, daß er Sie bereits geheilt hat.« Ich lag auf dem Boden und blickte aus dieser Lage nach oben. Ein Mann kniete nahe bei meinem Kopf. Er war es auch, der mich aufgefangen hatte, als ich hingefallen war. Und er hatte das Gebet für meine Heilung gehört und wollte damit diesem Gebet anscheinend noch den letzten Schliff geben.

Ein Mann, der für seine Gabe der Heilung bekannt war, die Gott ihm geschenkt hatte, um sie überall auf der Welt einzusetzen, leitete ein Treffen. Wir waren zu viert nach Matlock gekommen, um ihn zu sehen und zu hören und ihn möglicherweise um Handauflegung zu bitten.

Ich hatte gezögert, ob ich hinfahren sollte. Teilweise wußte ich, daß ich aus falschen Motiven heraus gehen würde – ich war sehr gespannt darauf, diesen Mann kennenzulernen und Zeuge einiger seiner berühmten Zeichen und Wunder zu werden, die man mit seinem Dienst in Zusammenhang brachte. ›Aber‹, so tröstete ich mich selbst, ›viele Leute kamen mit falschen Motiven zu Jesus, während er noch auf der Erde war, zum Beispiel aus Neugierde. Wie Zachäus. Aber Jesus schickte sie nie fort. Genauso wird Gott auch mich annehmen, wenn ich mich wirklich ihm nähern will, egal, welche Gründe ich ursprünglich dafür hatte.‹

Aber dieser Punkt war nicht der einzige. Da war noch

etwas anderes. Etwas, das noch viel tiefer ging. Ich wußte ja, was bereits geschehen war. Es brachte mich fast in Verlegenheit, wenn ich daran dachte, wie oft ich bei Heilungsgottesdiensten nach vorn gegangen war (damit für mich gebetet wurde). Ich hatte schon so oft und von so vielen Menschen den Dienst der Handauflegung empfangen. So viele Männer Gottes hatten über mir gebetet und mich sogar mit Öl gesalbt, einschließlich zweier großartiger Bischöfe, wieviel das auch zählen mag. War es in Ordnung, wenn ich es trotzdem wieder versuchte? Suchte ich in diesem Mann nicht vielleicht etwas Magisches? Und wenn das stimmte, lief ich dann nicht Gefahr, statt Gott einem Menschen zu huldigen? Wenn es wirklich Gott war, den ich suchte, war er denn dann nicht immer derselbe, der mich überall erhören und heilen konnte, egal, wer mir die Hände auflegte?

Mußte ich wirklich noch einmal gehen und um Heilung bitten? Hatte Gott meine Bitte nicht schon beim ersten Mal gehört? Und wenn ich jedesmal wieder um das Gleiche bat, wich ich Gottes Antwort dann nicht aus? Ich hatte das unbehagliche Gefühl, daß er vielleicht schon sehr eindringlich versucht hatte, mir eine Antwort zu geben. Vielleicht enthielt er mir die körperliche Heilung vor, weil er damit ein Ziel verfolgte.

Wenn ich an diesem Abend zu dem Treffen gehen würde, probierte ich dann nicht schon wieder einen neuen Lösungsweg aus? Als ob Heilung ein kostbarer Schatz in einem Tresor wäre, den nur die erhalten, die die richtige Nummernkombination kennen. Aber das widersprach meinem Verständnis von Gott. Ich war nicht der Meinung, daß es seinem Wesen entsprach, mir das Gute vorzuenthalten, nur weil ich nicht in der »richtigen« Weise und mit den »richtigen« Worten betete. Schließlich hatte Jesus nicht die »richtige« Gebetsform des Pharisäers, sondern das einfache, demütige Gebet des Zöllners gelobt: »Gott, sei mir Sünder gnädig!« (Luk. 18,13)

Aber ich schob all diese und noch weitere Fragen beiseite. Man hatte mich überzeugt, daß ich hinfahren sollte. Und ich muß völlig verzweifelt gewesen sein. Ich wollte von allen Schmerzen frei werden, koste es, was es wolle. Die körperlichen Schmerzen waren geblieben, auch wenn die Krise von 1980 vorüber war und ich erst kürzlich wieder angefangen hatte, zu arbeiten. Auch seelisch hatte ich noch Schmerzen, denn ich mußte mit den entsetzlichen Erinnerungen an die schweren körperlichen Symptome fertigwerden, an denen ich gelitten hatte. Nach meiner Totaloperation begann ich darum zu kämpfen, wieder zu meiner alten Begeisterung für meine Arbeit als Hebamme zurückzufinden. Ich hatte diese Wahl selbst getroffen; ich wollte dieses Tief überwinden und ich war entschlossen, mich davon nicht unterkriegen zu lassen – aber trotzdem war es ein Kampf, auch mit den Schmerzen.

»Denk bloß, was du verpassen könntest«, sagten Alastair und Alison und drängten mich, sie zu begleiten. »Vergiß deinen Stolz und komm mit.«

Der Gedanke, daß mich vielleicht reiner Stolz daran hinderte, mich Gott zu nähern, gab schließlich den Ausschlag. Wir nahmen Matthew ins Schlepptau und sprangen alle zusammen ins Auto. An diesem Abend sollte eine Zusammenkunft speziell für Krankenheilungen stattfinden.

Erst viel später, als Matthew seinen Dienst als Pfarrer in Beverley antrat, erkannte ich, wieviel mich Gott in diesem und in zahllosen anderen Gottesdiensten dieser Art gelehrt hatte. In Beverly konnte ich etwas davon anwenden. Dort lernte ich eine lebhafte junge Frau namens Carol kennen. Sie war Lehrerin, hatte eine starke Persönlichkeit und viel Humor. Mit ihren fünfundzwanzig Jahren war sie nur etwas jünger als ich selbst. Und dann, zwei Tage nach unserer ersten Bekanntschaft, stellte man bei ihr multiple Sklerose fest.

Carol war am Boden zerstört. Diese Diagnose würde ihr ganzes Leben verändern, und sie stellte sich einige grundlegende Fragen. Plötzlich hatten wir viel gemeinsam. Deshalb waren unsere Gespräche schon sehr bald von großer Tiefe und schonungsloser Ehrlichkeit.

Eines Abends saßen wir bei einem Gemeindetreffen nebeneinander. Ich merkte, daß ihr die übliche Lebhaftigkeit fehlte, und in ihren Augen lag ein abwesender und trauriger Ausdruck.

»Wie geht's?« fragte ich sie, aber erst, als ich schon meinen Mantel angezogen hatte und fertig war, um nach Hause zu gehen.

»Danke, gut.«

Ich kannte diese Antwort nur zu gut. Unzählige Male hatte ich sie selbst gegeben.

»Unsinn!« erwiderte ich, aber mit einem Lächeln. Carol sah zu mir hoch und mußte dann über sich selbst herzlich lachen. Sie wollte lieber wie jeder normale Mensch ein bißchen geneckt, anstatt wegen ihrer Krankheit bemitleidet werden. Die Erleichterung, daß sie ein wenig verstanden worden war, ohne mir mühsam ihre komplexen Gefühle zu erklären, stand ihr im Gesicht geschrieben.

»Es ist wirklich Unsinn, ich weiß«, sagte sie schließlich. »Ich wollte so gern mit Ihnen sprechen. Ich habe sogar ein paar Mal versucht, Ihnen zu schreiben, aber jedesmal landete der Brief im Papierkorb.«

Ich setzte mich wieder neben sie. Es war mir gleichgültig, ob wir die letzten der Versammlung waren, die gingen – Carol mußte sich aussprechen. Ich wußte, wie schwer es mir gefallen war, die heitere Maske des »es-geht-mir-gut-Danke« abzunehmen. Dies war das erste Mal, daß Carol mir gegenüber wirklich offen und ehrlich zu werden begann, und ich wollte sie nicht enttäuschen.

»Ist es nur die Krankheit, die Sie so niederdrückt?« fragte ich.

Carol schüttelte den Kopf. »Teilweise, nehme ich an. Die Symptome werden schlimmer. Ich kann jetzt schon nicht mehr ganz scharf sehen – alles erscheint doppelt, und ich renne dauernd gegen Türen und Wände, weil ich nicht mehr erkennen kann, wo sie wirklich sind. Und hin und wieder passieren mir auch ›Mißgeschicke‹, ich muß Slip-Einlagen tragen, denn die undurchlässigen Schlüpfer machen beim Gehen ein raschelndes Geräusch, was entsetzlich ist. Das hilft nicht gerade, wenn man neue Freunde finden will. Hin und wieder ernte ich sehr erstaunte Blicke.«

Ich spürte, daß Carol sich hinter ihrer scheinbaren Heiterkeit sehr niedergeschlagen fühlte. Es gab nichts, was ich sagen konnte. Keine Antwort, keine Lösung. Nur: »Das tut mir leid.« Zumindest wußte sie, daß ich es ehrlich meinte.

Meine Aufrichtigkeit half ihr, mir ein wenig mehr anzuvertrauen. »Die Sache ist, während ich diese ›zusätzlichen‹ Probleme mit MS habe, scheinen alle, die mir nahestehen, davon überzeugt zu sein, daß ich bald geheilt werde. Ich fühle mich total unter Druck gesetzt.«

»Meinen Sie Druck von anderen?«

»Hmmm. Manchmal wird's fast unerträglich.« Carol wandte nachdenklich ihren Blick ab, bevor sie fortfuhr: »Verstehen Sie mich nicht falsch – natürlich wäre das herrlich, und ich wäre ein Dummkopf, wenn ich Gott nicht um Heilung bitten und sie nicht auch erwarten würde.«

Carol und ich waren beide kürzlich Zeugen des stillen Wunders geworden, das mit David geschehen war; er war mit zweiundzwanzig Jahren von seiner lähmenden Arthritis geheilt worden. Keiner von uns hatte Zweifel daran, daß Gott heute noch Heilungen schenkt. Doch Carols Erfahrungen mit ihrem Leiden waren nun einmal anders. Sie erklärte: »Als ich zum Beispiel letztes Mal an einem Heilungsgottesdienst teilnahm, war es besonders schwierig für mich. Ich hatte das Gefühl, jeder im Raum erwartete meine Heilung, und wenn es nicht so kam, konnte die Schuld nur bei mir liegen.«

»Wie können sie nur so etwas sagen?« brummte ich mehr zu mir selbst als zu Carol. Es war zwar nur eine rhetorische Frage, aber Carol beantwortete sie trotzdem.

»Ach, Jane, Sie wissen doch ganz genau, wie ihre Argumente lauten: Gott möchte gesund machen, er möchte, daß seine Kinder gesund sind, wir brauchen ihn bloß darum zu bitten.«

»Ja, mir wurde das auch alles gesagt«, antwortete ich. Ich konnte es schon fast nicht mehr hören. »Ganz ehrlich, ich habe oft das Gefühl, daß es für die anderen leichter ist, das zu sagen, als ein bißchen tiefer zu gehen. Die Not eines langen Leidens läßt sie dann unberührt, weil sie eine schnelle Lösung parat haben.«

»Aber wie kommen Sie mit Leuten zurecht, die so helfen wollen? Haben sie denn recht? Ach, ich bin völlig durcheinander.«

Ich dachte einen Moment nach. Es ärgerte mich, daß man Carol so verwirrt hatte, und daß es noch dazu Menschen waren, die helfen wollten. Ich war selbst in einer ähnlichen Lage gewesen und hätte ihr so viel sagen können, daß ich gar nicht wußte, wo ich anfangen sollte. Die Antwort war nicht einfach.

Vorsichtig begann ich zu sprechen. »Also, ich habe schon bald herausgefunden, daß die Sache nicht immer so leicht ist, wie manche meinen. Wenn wir, wie sie sagen, ›nur zu bitten brauchten‹, dann wäre ich zweifellos schon vor langer Zeit geheilt worden. Aber ich bin es nicht.«

Carol entgegnete schnell: »Nein, ganz so ist es nicht. Man muß auch Glauben haben, oder? Man hat mir gesagt, daß es mein Mangel an Glauben sei, der eine Heilung verhindert.«

Ich spürte, wie meine Verärgerung wuchs. Ich fand es sehr schwierig, geduldig zu bleiben, wenn jemand mit einer so schnellen Erklärung aufwartete.

»Wieviel Glauben müßten Sie denn nach Meinung der

anderen haben?« fragte ich rasch. »Denn nach der Bibel sagte Jesus, daß man nur Glauben von der Größe eines Senfkorns braucht. Das genügt, um Berge zu versetzen. Aber manche Christen schaffen es, größte Schuldgefühle bei anderen entstehen zu lassen, wenn sie nicht Glauben in der Größe einer Wassermelone haben! So sind die Menschen, aber nicht Gott! Für Gott ist ein Senfkorn groß genug. Haben Sie so viel Glauben?«

Carol kicherte. »Ja, das habe ich!« Sie schien sich über die tröstenden Worte zu freuen, daß sie als Christ doch nicht so schwach war, wie man ihr das Gefühl gegeben hatte; zumindest nicht, was ihren Glauben betraf.

»Jedenfalls«, fuhr ich fort, »sollten Leute, die behaupten, daß Ihre Heilung von der Größe Ihres Glaubens abhängt, einmal den Hebräerbrief lesen. Unter der langen Liste der Glaubensvorbilder ist ein kleiner Vers ...« Ich suchte in meiner Bibel, um den Hebräerbrief, Kapitel 11 zu finden. »Es heißt hier: ›Diese alle haben durch den Glauben Gottes Zeugnis empfangen und doch nicht erlangt, was verheißen war, weil Gott etwas Besseres für uns vorgesehen hat ...‹« (Hebr. 11,39–40). Ich sah Carol an. Sie krauste ihre Stirn.

»Was soll denn das heißen?« fragte sie.

»Es heißt, daß wir, wenn wir nicht das empfangen, was Gott verheißen hat, wie zum Beispiel Heilung, trotzdem Mut fassen können. Er hat etwas Besseres für uns. Nicht nachzulassen, *ohne* zu empfangen, lautet hier das Gebot. Laut dem Schreiber des Hebräerbriefes ist es ein Beweis des Glaubens.«

Carol seufzte bekümmert. »Ach, es wäre schön, wenn die Dinge so liegen würden.«

»Ich glaube, sie liegen so – wenn Gott es so will.« Ich wurde sehr still, bevor ich hinzufügte: »Ich muß es glauben. – Jedenfalls«, meine Stimme wurde ein bißchen härter, »wenn Ihre Freunde so davon überzeugt sind, dann erinnern Sie sich einfach an die Tochter des Jairus oder an den

Diener des Hauptmanns von Kapernaum. Es war der Glaube der Freunde und nicht der Glaube des Leidenden, der Jesus beeindruckte.«

Carol konnte sich offensichtlich nicht genügend von dem Druck ihrer Freunde lösen, um mit der gleichen Leichtigkeit darüber hinwegzugehen, wie ich es tat. Sie fuhr fort: »Sie beharren unerbittlich darauf, daß ich bald wieder völlig in Ordnung sein werde.«

Ich wurde rot vor Ärger, als ich sah, wie es manchen Menschen gelang, dem Leiden aus dem Weg zu gehen. Wieviel einfacher war es zu sagen, daß Carol geheilt werden würde, als an das Gegenteil zu denken! Sie war so klug und temperamentvoll – da konnte Gott es doch nicht zulassen, daß sie zum Krüppel wurde! Vielleicht verlor ich auch deshalb meine Geduld, weil ich selbst dazu gezwungen war, mich Leid und Schmerzen zu stellen. Vielleicht wünschte ich es mir auch, dieses Problem so einfach wegargumentieren zu können.

Es brach aus mir heraus: »Wie können sie so unerbittlich sein? Haben sie Gott gefragt? Kennen sie seine Gedanken? Normalerweise ist jemand, der wirklich so gesinnt ist wie Christus, demütig, aber nicht unerbittlich. Haben sie sich Zeit genommen, auf Gott zu hören – besonders was Sie und Ihre MS betrifft? Wie sind sie denn darauf gekommen, daß es Gottes Wille für Sie ist, geheilt zu werden?«

Ich hätte noch weiterpoltern können, aber der Schimmer in Carols Augen brachte mich dazu, über mich selbst und meine Direktheit zu lachen, auch wenn ich jedes Wort genauso gemeint hatte.

»Sie selbst sprechen oft von der Suche nach dem Willen Gottes.« Carol wollte offensichtlich, daß ich weitersprach.

»Ja, das stimmt. Ich habe viel darüber gelernt, als ich in einem Kloster war. Dort entdeckte ich, daß Gebet nicht bedeutet, Gott meine Wünsche mitzuteilen, sondern, sich dem zu öffnen, was er in mir bewirken will. Ich finde, daß man dazu viel mehr Glauben braucht. Für Sie und Ihre unerbittlichen Freunde heißt es, viel Zeit in der Stille zu verbringen, um seinen Willen zu suchen. Ich glaube, daß der einzige Zeitpunkt, zu dem wir – um mit den Worten Ihrer Freunde zu sprechen – ›einfach nur um Heilung zu bitten brauchen‹, dann gegeben ist, wenn wir Gottes Willen für die betreffende Person kennen.«

Carol nickte gedankenverloren. »Aber nach Meinung meiner Freunde bin nicht ich es, die Gottes Willen erkennen kann. Sie haben mich da gerade an etwas erinnert. Meine Freunde sagen nämlich, daß mein Mangel an Glauben eine Mauer zwischen mir und meiner MS auf der einen – und Gott und seiner heilenden Kraft auf der anderen Seite geschaffen hat.«

Ich seufzte innerlich über die Wirkung, die ein solcher Rat auf jemanden wie Carol hatte, die durch ihr Leid so verletzlich war.

»Man hat Sie wirklich durcheinandergebracht, scheint mir.«

Carols Augen wurden feucht. Ich hätte sie so gern getröstet und ihr versichert, daß Gott sie in aller Barmherzigkeit annimmt, selbst wenn andere nur Schuld zu sehen scheinen.

»Also: Wenn sich jemand so fühlt wie Sie jetzt, dann helfen weder Worte noch Argumente. Nur Sie und Gott wissen, ob zwischen Ihnen eine Mauer besteht. Vertrauen Sie dabei weder auf mich noch auf andere. Vertrauen Sie einzig Ihrer persönlichen Beziehung zu Gott. Warum gehen Sie nicht nach Hause – es wird sowieso schon spät –, denken noch mal über alles nach und versuchen, allein mit Gott Frieden zu finden? Dann werden Sie wissen, ob es eine Mauer gibt. Und wenn es keine gibt, dann haben Sie den Mut und lassen Sie sich von anderen keine Schuld einreden.«

Carol nickte und schluckte ihre Tränen hinunter. »Ja,

das wird mir helfen«, gestand sie und griff nach ihrem Mantel.

Als wir zur Tür gingen, sprach ich noch einen Gedanken laut aus: »Der alte Teufel wäre entzückt, wenn er Sie irgendwie packen könnte. Er weiß, daß es schwierig für Sie ist, Ratschläge von lieben Freunden zurückzuweisen. Nur, manchmal müssen Sie es tun.«

In nachdenklicher Stimmung ging ich nach Hause. In dieser Nacht fiel mir das Schlafen schwer. Was ich zu Carol gesagt hatte, war schon richtig gewesen, aber ich mußte daran denken, daß ich auch einmal so verletzt worden war wie sie jetzt. Zutiefst verletzt. Ich erinnerte mich, wie oft ich, nachdem ein Besucher gegangen war, allein mit dem Gefühl dagesessen hatte, es sei nur meine Schuld, daß es mir noch nicht besser ging. Er hatte es gut mit mir gemeint und nicht erkannt, wie niederschmetternd der eine oder andere Ratschlag für mich gewesen war.

Als ich mich im Bett hin- und herwälzte, ging mir ständig im Kopf herum, was man mir gesagt hatte: »Ich habe gerade das Matthäusevangelium gelesen, wo Jesus sagt: ›Bittet, so wird euch gegeben.‹« (Wie oft hatte ich das gehört!) »Nun, Jane, wahrscheinlich hast du ihn einfach nicht richtig um Heilung gebeten.«

Nicht nur darum gebeten – gefleht! Gott bestürmt. An seine Tür gehämmert. Geweint. Geschrien. Mich zu seinen Füßen geworfen. Wenn er mich nicht erhört hatte, dann war er nicht der Gott, von dem ich wußte, daß ich ihm vertrauen konnte.

Ich erinnere mich mit einer gewissen Beschämung an eine Begebenheit, als Mike mich eines Tages aufsuchte. Er kannte mich zwar nicht gut, aber er hatte in seiner Gemeinde von meiner Krankheit gehört. Er hatte für mich gebetet, und jetzt wollte er mir auch praktisch helfen. Also hatte er sich entschlossen, mich zu Hause zu besuchen.

Unser Beisammensein empfand ich als spannungsgeladen. Keiner seiner »hilfreichen« Vorschläge war neu für mich, obwohl er selbst von jedem einzelnen äußerst begeistert war. Leider – und das war es, weshalb mich die Erinnerung an die Szene etwas beschämte – hatte ich nicht die Kraft, meine Antworten etwas weniger direkt zu formulieren.

Er: »Sie sollten immer in Jesu Namen beten.«

Ich: »Das tue ich immer.«

Er: »Warum rufen Sie nicht die Ältesten Ihrer Gemeinde zusammen, damit sie Ihnen die Hände auflegen, wie es im fünften Kapitel des Jakobusbriefes steht?«

Ich: »Habe ich schon getan. Schon sehr oft.«

Er: »Sie sollten sich mit Öl salben lassen.«

Ich: »Habe ich bereits.«

Er: »Sie müssen herausfinden, ob irgend etwas in Ihrer Vergangenheit Ihre Heilung vielleicht verhindert.«

Ich: »Ich bin mit Matthew zu einer Freundin gegangen, einer gläubigen Psychiaterin, um das herauszufinden. Nach ein paar Sitzungen wollte sie mit der Behandlung aufhören, weil sie mich für zu normal hielt, als daß ich irgend ein größeres Problem haben könnte, das mir Schwierigkeiten bereitet.«

Er: »Sie sollten zu dem und dem Mann gehen. Er hat die Gabe der Heilung.«

Ich: »Ich war letztes Jahr dort.«

Mikes Gedanken waren ganz auf eine körperliche Heilung fixiert. Ich versuchte, ihm die Erkenntnis aufzuzwingen, daß es daneben auch noch eine andere Möglichkeit gab. Er sollte merken, daß keines der Rezepte »funktioniert« hatte. Ich hatte alles getan, was er mir vorschlug, und trotzdem blieben die Schmerzen.

Schließlich seufzte er erschöpft. »Dann sind Sie bereits geheilt. Sie sollten Gott dafür danken.«

Zu diesem Zeitpunkt unserer Unterhaltung hielt ich unter einer Steppdecke eine Wärmflasche umklammert, weil ich damit etwas die Schmerzen lindern wollte, die in mir brannten. Vor Jahren hatte es einmal eine Zeit gegeben, in der ich mich immerzu gefragt hatte, ob ich mir die großen Schmerzen vielleicht nur einbildete, wenn mir jemand sagte, daß ich bereits geheilt sei. Doch nicht dieses Mal.

Mike hatte seine Vorschläge so schnell nacheinander heruntergerasselt, daß ich bei meinen Antworten eine abwehrende Haltung einnahm. Ich hätte ihn am liebsten zum Schweigen gebracht, doch ich wußte, daß dieser Wunsch alles andere als rücksichtsvoll war. Ich redete, als ob ich recht und er unrecht hätte. Ich empfand sein Verhalten angesichts eines heiklen Themas als so unüberlegt, daß ich keine Lust hatte, ihm meine Zeit zu opfern. Aber am Ende siegte doch Gottes Barmherzigkeit in mir, und ich versuchte, ihm mein Problem näher zu erklären.

»Meine erste Reaktion darauf, daß diese Schmerzen nicht nachließen, war wie Ihre«, sagte ich ihm und versuchte, nicht zu schulmeisterlich zu klingen. »Ich dachte, ich müßte nur in der richtigen Weise um Heilung beten, um zu bekommen, was ich wollte. Denn Heilung schien einfach das richtige Gebetsziel zu sein. Aber dann, als ich offensichtlich ›versagte‹ – oder scheinbar ›versagte‹ –, begann ich, ganz anders über das Gebet zu denken.«

Mike sah mich mißtrauisch an. Im stillen betete ich zu Gott um Geduld und Aufrichtigkeit.

»Wenn ich heute bete, konzentriere ich mich viel weniger auf das, um *was* ich eigentlich bete. Ich bin sicher, es ist Gottes Wunsch, daß ich mehr danach suche, *wer* er ist. Habe ich erst einmal diese Perspektive, dann kann er mir die Dinge im einzelnen zeigen, um die ich beten soll.«

Mike runzelte die Stirn. Bei dem Versuch, ihm meine Gedanken darzulegen, riskierte ich viel. Ich öffnete mich damit für kritische Angriffe gegen meine Erfahrungen mit Gott. Würde er mich verstehen?

Ich wußte, daß mein Gebetsleben eine persönliche Angelegenheit war, und daß es mir egal sein sollte, was andere darüber dachten; aber ich wollte auch nicht, daß Mike sich über meine Haltung lustig machte.

Ich versuchte meine Gedanken etwas deutlicher zu erklären. »Eine der Nonnen in einem Kloster, das ich einmal besucht habe, drückte es viel besser aus, als ich es kann. Sie sagte: ›Gebet ist nicht der einfache Weg, Gott dazu zu bringen, etwas für mich zu tun, sondern es ist der schwierige Weg, ihm zu erlauben, etwas mit mir zu tun.‹«

»Ist das nicht nur eine Wortspielerei?« fragte Mike. »Wo liegt denn da der Unterschied?«

»Der Unterschied liegt in der Antwort, die wir suchen. Die ›Antwort‹ auf ein Gebet ist nicht das Empfangen einer Gabe, sondern das Zusammentreffen mit dem Geber.«

Ich merkte, daß ich in einer einzigen Unterhaltung alles zusammenfassen wollte, was Gott mich über Jahre gelehrt hatte. Das Thema Heilung war ein riesiges Gebiet, und das Gebet war nur ein Teil davon. Ich versuchte, den Gedanken, der mir am wichtigsten erschien, möglichst einfach auszudrücken. »Ich glaube, daß Gott für uns das Beste will, und zwar immer.«

»Richtig.«

»Meine Vorstellung vom Besten ist Heilung.«

»Richtig.«

»Aber Gott hat sie nicht geschenkt, obwohl ich auf jede Art darum gebetet habe, wie ich es Ihnen gerade beschrieb. Jetzt könnte ich mich natürlich beschuldigen, nicht genügend Glauben gehabt oder in der falschen Weise gebetet zu haben. Aber ich weiß, daß ich auf jede nur erdenkliche Art darum gebetet habe, und nicht nur allein, sondern zusammen mit vielen, treuen Christen.«

»Ja?« Mike wußte nicht recht, ob er mir trauen konnte.

Wieder betete ich im stillen und bat Gott, mir zu helfen, Mike gegenüber ehrlich zu sein, ohne darauf zu achten, was er über mich dachte.

»Oder ich könnte Gott beschuldigen, daß er mich entweder nicht erhört hat, oder daß er ungerecht ist und etwas Gutes zurückhält. Aber ich kann weder das eine noch das andere tun, denn tief in meinem Inneren vertraue ich ihm. Ich weiß nur, daß er kein Vergnügen daran hat, seine Kinder leiden zu lassen.«

Ich mußte Mike zeigen, daß ich ehrlich war. Gleich bei seiner Ankunft hatte ich so negativ geklungen, daß er vielleicht gedacht hatte, ich hätte mich von Gott losgesagt. Aber da hätte er sich ganz und gar geirrt. Ich bin gewiß, daß Gott mehr für mich und mit mir tun will, als ich mir je vorstellen kann.

»Also muß es etwas anderes sein.« Ich hielt inne. Falls Mike nicht richtig zuhörte, wollte ich nicht sagen, was mir so wichtig war.

»Was?« fragte er interessiert. Er war noch gar nicht auf den Gedanken gekommen, daß Gott, im Gegensatz zu uns, zu diesem Zeitpunkt etwas anderes als eine körperliche Heilung für mich wollte.

»Ich kann nur daraus schließen, daß er mich nicht geheilt hat, weil er etwas *Besseres* für mich bereit hält. Wie ich vorhin schon sagte, meine Vorstellung vom Besten ist Heilung. Aber zumindest für den Augenblick scheint Gott eine andere Vorstellung davon zu haben. Er sagt ja auch: ›Meine Wege sind nicht eure Wege.‹ Obwohl diese schrecklichen Schmerzen nicht mein Weg sind, oder der Weg, den ich mir aussuchen würde, sind sie doch offensichtlich Gottes Weg.«

»Das ist aber hart, oder?« Mike dachte zumindest über das nach, was ich gesagt hatte.

»Nein. Es scheint hart zu sein, und es fühlt sich auch so an, aber ich halte mit meinem ganzen Glauben daran fest, daß Gott nicht hart ist. Und vieles hat mir diesen Gedanken bestätigt.«

Ich erzählte Mike ein Beispiel einer solchen Bestätigung. Durch einen Brief hatte ich erfahren, daß ein Mann namens Peter plötzlich ein Bild vor seinem geistigen Auge hatte, als er für mich betete. Er sah das Gesicht Christi, wie er auf mich und mein Leiden herabblickte. Peter war überrascht gewesen, daß er nicht Schmerz und Verwirrung, sondern große Freude und Licht gesehen hatte. Jesus blickte voller Erwartung und Liebe auf das, was sich aus dem Leid herausbildete. Obwohl Jesus vor dem Leid nicht die Augen verschloß, bereitete ihm doch genau das Freude, was für mich so schwer war. Dieses Bild machte mir Mut, mein Leiden mehr von seinem Standpunkt aus zu sehen. Es half mir, an seiner Freude ein wenig teilzuhaben.

»Aber wie kann Gott denn jemals Schmerzen *wollen*?« Mike war sehr verwirrt.

»Ach, das weiß ich auch nicht«, seufzte ich. »Ich weiß nicht auf alles eine Antwort. Und ich kann Gottes Gedanken nicht erklären. Ich kann Ihnen nur von meiner eigenen Erfahrung berichten. Jedesmal, wenn ich nach vorn gegangen bin, um durch Handauflegung geheilt zu werden, wurden die Schmerzen viel schlimmer. Aber dabei habe ich Gottes Nähe in großem Maße erlebt. Es ist, als ob Gott mich zu sich ziehen, aufrichten und mir die Gewißheit schenken wollte, daß er genau das mit mir tut, was er will.«

»Und danken Sie ihm auch tatsächlich dafür?« Mike führte mich in arge Bedrängnis, ihm aufrichtig zu antworten.

Ich schwieg einen Moment. »Manchmal.« Ich drückte die Wärmflasche fester an mich. »Ich wünschte, ich könnte ehrlich sagen, daß es immer so ist. Hätte er mich körperlich geheilt, wäre ich aufgesprungen und hätte gerufen: Danke, Herr! Aber sollte ich ihm jetzt etwa nicht mehr danken, nur, weil ich die Bereiche, die er heilt, nicht sehen kann?

Vermutlich geht sein Heilungswerk in mir viel tiefer als irgend etwas Körperliches.«

Eine Sekunde lang funkelten Mikes Augen; er wollte schon etwas sagen, doch dann hielt er inne.

»Was ist?« fragte ich. Immer noch war ich mir nicht sicher, was er dachte.

»Also ... Sie haben mich nur eben an die Geschichte von den zehn Aussätzigen erinnert. Sie alle wurden geheilt, körperlich. Doch neun von zehn tanzten einfach davon, ohne auch nur einmal zu Jesus zurückzukehren – geschweige denn, ihm zu danken. Es scheint – ich weiß, ich bin nur ein Außenstehender – aber, also, es ist ein ziemlich großes Wunder, daß Sie immer noch zu ihm gehen.«

Ich legte mich aufs Kissen zurück und lächelte. Jetzt fühlte ich mich nicht mehr angeklagt. Endlich redeten Mike und ich miteinander, anstatt gegeneinander zu kämpfen. Er hatte mich verstanden – zumindest ein bißchen. Er hatte erkannt, inwiefern mein Leiden dazu führen konnte, Glauben an Gott und Vertrauen in ihn zu stärken; und er sah, daß es nicht unbedingt ein Beweis meines Unglaubens war. Die Erleichterung darüber gab mir neue Kraft.

Was ich ihm mitzuteilen versucht hatte, war meine Bereitschaft, Gottes Willen anzunehmen, eine Bereitschaft, zu der mich Gott nach der entsetzlichen Krise in Tinas Wohnung geführt hatte. Ich hatte vorher nur mit einem Menschen so direkt darüber gesprochen, und das war Graham gewesen. Als ich bei Colin darauf wartete, wieder ins Krankenhaus gebracht zu werden, und noch nicht einmal wußte, wie lange ich noch zu leben hatte, hatte Graham mich gefragt: »Glauben Sie, daß Gott Ihre Schmerzen ignoriert oder daß ihm die Dinge entgleiten?«

»Nein.« Ich war mir meiner Antwort sicher, trotz meiner Verzweiflung, Angst und Not. »Nein, das glaube ich nicht. Mir gefällt vielleicht nicht, was er tut, und vielleicht stimme ich auch nicht mit ihm überein, aber ich habe mich selbst in seine Hand gegeben und ihn gebeten, das Beste für mich zu tun. Ich weiß, er kann mich heilen. Aber noch hat er es nicht getan. Ich kann seiner Weisheit vertrauen. Obwohl ich das Leid an sich unerträglich finde, will ich mich doch nicht in die Versuchung bringen lassen, ihm zu mißtrauen. Er weiß am besten, was für mich gut ist. Ich habe darum gebetet, daß sein Wille geschehen soll; jetzt kann ich nur noch darauf vertrauen, daß das, was geschieht, auch wirklich sein Wille ist.«

»Wieso sind Sie sich so sicher?« hatte Graham mich gefragt. Ehrlich hatte ich geantwortet: »Weil Gott in allem ist. Ich empfinde einen solchen Frieden und habe eine solche Gewißheit, daß er bei mir ist – ich weiß, er macht keinen Fehler.«

Dies war mein Glaube, meine Heilung: Mich selbst ganz in seine Hand zu geben, egal, was es an Schmerzen für mich bedeutete, und ihm zu erlauben, mich ganz bis in die Tiefe hinein zu heilen; ihm gehorsam zu folgen – selbst bis ins Feuer –, um mich zu läutern; bis in den Garten, um mich beschneiden zu lassen, um gute Reben zurückzunehmen und Raum für noch mehr Wachstum zu schaffen; bis zur Tenne, um den Weizen von der Spreu zu trennen.

Während des Heilungsgottesdienstes in Matlock, von dem ich erzählen wollte, sagte der Mann, der sich über mich gebeugt hatte: »Sie müssen Gott dafür danken, daß er Sie bereits geheilt hat.« Vielleicht hatte er recht. Aber ich habe gemerkt, daß ich immer, wenn ich die Art Heilung in Betracht ziehe, die er gemeint hat – die Befreiung von allen Schmerzen –, auf Probleme und Fragen stoße. Ich beginne dann, mich von dem tiefen Heilungswerk abzuwenden, das Gott in mir vollenden will. Gottes Heilungswerk hat so viel mehr Weite, Tiefe und schöpferische Kraft als unsere begrenzten Vorstellungen von einer »schmerzfreien Lösung«.

Für mich bedeutete Heilung, tiefer in die Erkenntnisse über Gott geführt zu werden und noch weiter in das Geheimnis seiner Macht und Liebe einzudringen. Dies aus den Augen zu verlieren hieße, Gott aus den Augen zu verlieren und in den Schrei der Verzweiflung gestürzt zu werden: »Mein Gott, mein Gott, warum hast du mich verlassen?« (Matth. 27,46)

Erinnerungen

Warum hast du mich verlassen? (Psalm 22,2)

Ich war zu dem Schluß gekommen, daß Heilung für mich in erster Linie bedeutete, Gott intensiver zu suchen und zu erfahren. Und das hieß (wie ich noch entdecken sollte), Christus nicht nur in der Macht seiner Auferstehung zu erkennen, sondern ihn auch in der Gemeinschaft seiner Leiden zu erfahren und ihm in seinem Tod gleich zu werden. (Vergleiche Phil. 3,10–11)

Nach einer langen Zeit der Krankheit wieder ein normales Leben aufzunehmen, bedeutete für mich immer schon weit mehr als nur das Ende meiner Rekonvaleszenz. Die Rückkehr an meinen Arbeitsplatz im September 1980 trieb meine Schwierigkeiten, in meiner eigenen Widersprüchlichkeit ein Gleichgewicht zu finden, auf die Spitze. Ständig ertappte ich mich dabei, wie ich meine Leidensgeschichte und meine Erfolgsbilanz gegeneinander abwiegen wollte.

Sobald ich die Arbeit wieder aufnahm, wurde ich mit meinen »Erfolgen« als Hebamme konfrontiert. Bei den Patientinnen war ich beliebt und von den Ärzten gefragt. Die Patientinnen zeigten offen ihre Enttäuschung, wenn sie während ihrer Schwangerschaft und Niederkunft nicht von mir betreut wurden, und viele Kollegen machten deutlich ihrer Erleichterung Luft, daß »jetzt wenigstens alles wieder ordentlich gemacht wird!«

Und dabei blieb es nicht. Während meiner Arbeitspause hatte man damit begonnen, ein einfaches, von mir zusammengestelltes audio-visuelles Lehrprogramm auch in anderen Krankenhäusern in England einzusetzen. Es wurde von anderen Hebammen begeistert aufgenommen, und bald flog ich nach London, um eine staatliche Auszeichnung entgegenzunehmen, vom Royal College, wie ich schon erzählt habe. Auf dieser Reise bekam ich den Auftrag, fünf neue Filme zu produzieren, die weltweit gezeigt werden sollten.

Das gab mir neuen Auftrieb. Durch meine Schmerzen hatte ich die völlige Zerbrochenheit erlebt, aber jetzt wurde ich daran erinnert, daß es auch zu Gottes Plan gehörte, große Erfüllung zu erleben. Schon bald hielt ich Vorträge vor anderen Mitarbeitern im Gesundheitswesen, zuerst in England, dann im Ausland; ich reiste sogar bis nach Australien. Wieder einmal durfte ich die Freude über eine erreichte Leistung und eine befriedigende Arbeit erleben, vielleicht sogar um so mehr, weil ich es jetzt aus einer klareren Perspektive sehen konnte. Wenn andere mich beobachteten, sahen sie einen starken Menschen. Ich wurde für die herausragende Persönlichkeit der Station gehalten, bekannt für Tüchtigkeit und Humor. Die meiste Zeit über fühlte ich mich zuversichtlich, ja sogar übermütig, weil alles so gut lief.

Und doch ... und doch, was war mit den Schmerzen? Wie fanden sie ihren Platz in einem Leben, in dem auf so vielen Gebieten so vieles gut lief? Nicht zuletzt gehört zu diesen freudigen Ereignissen auch die Nachricht, daß wir unser erstes Baby zur Adoption bekamen.

Hätten wir die Dinge so wie viele unserer Freunde beurteilen sollen, daß all dieser offensichtliche »Erfolg« eine Art von Gott geschenkter Ausgleich für meine Schmerzen war? Die Adoption von Angus und drei Jahre später von Philippa war der Beginn einer fröhlichen Zeit, die wir bis heute als ganz wunderbares Geschenk genießen. War das sozusagen der Zuckerguß auf unserem Kuchen, der alles wiedergutmachen sollte?

Wenn dieser Gedankengang stimmt, dann haben sich meine Gefühle nicht von der Vernunft leiten lassen. Denn es gab – und gibt immer noch – Zeiten, in denen ich merke, daß keine noch so große Anzahl schöner Erlebnisse meine völlige Zerbrochenheit jemals ausgleichen wird. Immer noch fühle ich mich schwach, verletzlich und zerrissen durch die Schmerzen oder die Erinnerungen daran. Immer, wenn solche Gedanken an die Oberfläche steigen, sehne ich mich unbewußt nach Verständnis, Liebe und Trost für diesen Lebensbereich.

Oft kann ich – sogar ohne mir bewußt zu sein, was ich eigentlich suche – das nicht finden, wonach mein Herz verlangt. Ich bringe es nicht fertig, um Hilfe zu bitten. Die Menschen, die nur meine »Erfolge« sehen, haben meine unausgesprochenen Bedürfnisse nicht erkannt. Und deshalb passiert es sehr leicht, daß ich mich nicht nur von anderen, sondern auch von Gott verlassen fühle, weil er doch Menschen als seine Boten schickt.

Ich erinnere mich noch sehr gut an eine solche Begebenheit. Als ich mich eines Nachmittags hinlegen wollte, um mich auszuruhen – ich war allein –, wurde mir plötzlich bewußt, daß Not, Verwirrung und Einsamkeit mir Geist und Seele erfüllten.

Wieder war ich als Referentin zu einem Weltkongreß in London über Krankenpflege eingeladen worden. Ich hatte gezögert, das Angebot anzunehmen. Seit Angus bei uns war, hatte ich zwei Jahre lang nicht mehr in meinem Beruf gearbeitet. Trotzdem schien es eine ehrlich gemeinte Einladung zu sein. Matthew ermutigte mich. Deswegen nahm ich schließlich an und begann, mich auf die reizvolle Aufgabe zu freuen. Die drei Tage fort von zu Hause würden sicher arbeitsreich werden, aber wir wußten, daß es mir guttun würde, Abstand zu gewinnen und mich in einem teuren Hotel verwöhnen zu lassen.

Äußerlich gesehen ging alles sehr gut. Mein erster Vortrag hatte meine Stimmung gehoben, und die vielen hundert Krankenschwestern und Gasthörer aus anderen medizinischen Bereichen hatten spontan gelacht und applaudiert und mir so meine Nervosität genommen, vor so vielen Profis sprechen zu müssen. Ich wußte, daß ich mit neuer Zuversicht dem Seminar am nächsten Morgen entgegensehen konnte, das ich zu leiten hatte.

Als ich am Abend vor diesem Seminar wieder in meinem Luxushotelzimmer war, gab ich mich ganz diesen tröstlichen Gedanken hin. Am Telefon plauderte ich nicht nur heiter mit Matthew, sondern auch mit Angus, der sehr fröhlich klang. »Hast du Prinzessin Anne gesehen, Mami?« war alles, was er wissen wollte. Als ich mich etwas später in einem Schaumbad einweichen ließ, schmunzelte ich vor mich hin. Im Gebet breitete ich den Tag vor Gott aus und mußte an einen Vers aus dem Buch Joel denken, von dem jemand einmal gemeint hatte, er passe auch zu mir: »Ich will euch die Jahre erstatten, deren Ertrag die Heuschrekken ... gefressen haben.« (Joel 2,25)

Ich hatte Jahre erlebt, in denen mir alles durch mein Leid genommen wurde. Aber mir war auch viel »erstattet« worden: die momentane berufliche Erfüllung, eine erfolgreiche Karriere und sogar eine Familie, trotz aller widrigen Umstände. Ich dankte dem Herrn für seine vielen, segensreichen Taten an mir und schlummerte sehr zufrieden ein.

Aber am nächsten Morgen fand ich mich in einem qualvollen Schmerz wieder. Ich hatte lange gebraucht, um richtig aufzuwachen. Wie schon oft waren die Unterleibsbeschwerden, die für mich schon zum Leben gehörten, ein Teil meiner Träume geworden.

Dieses Mal hatte mich mein Traum zu dem Tag zurückgeführt, an dem ich zum ersten Mal in Edinburgh krank geworden war. Im Halbschlaf hatte ich dasselbe Gefühl wie damals: Ich war zu schwach, um meinen schweren Körper allein zu bewegen. Im Traum erlebte ich noch einmal, wie ich wegen der Krankheit nur mühsam hatte atmen können, und wie mein Körper von den Krankenschwestern in eine ausgestreckte Lage gebracht worden war.

Nur eine fast unmerkliche Regung in mir strebte danach, das Bewußtsein wiederzuerlangen, denn ich schlief immer noch fest. In Edinburgh war es genau das gleiche Gefühl gewesen, aber damals lag es an der schweren Bauchfellentzündung. Von Schmerzen übermannt, war ich völlig passiv gewesen, außer dieser einen kleinen Regung in mir, die sich sogar gegen meinen eigenen Willen ihren Weg zum Leben kämpfte.

Obwohl dieses qualvolle Erlebnis nur eine Erinnerung war, war es doch so lebendig, daß ich das Gefühl hatte, die Situation würde sich wirklich noch einmal abspielen. Aber in Edinburgh hatte ich Trost erfahren. Ich war von einer ehemaligen Schulschwester besucht worden. Elaine hatte sich neben mich gesetzt und mir ihr Mitgefühl gezeigt, obwohl ich damals zu schwach gewesen war, um zu reagieren. Ihre liebevolle Hand hatte sanft meinen Unterarm gehalten. Mehr war es nicht gewesen.

In meiner jetzigen Verzweiflung sehnte ich mich nach einer sanften Liebkosung. Ich erlebte die Szene zwar noch einmal, aber ohne die liebevolle Berührung. Ich wünschte mir so sehr, die Augen öffnen zu können und Trost zu empfangen. Ich wollte jemanden wie Elaine sehen, der nicht nur körperlich neben mir war, sondern auch geistig »mit« mir, so wie Elaine. In meiner schläfrigen Benommenheit fühlte ich die Schmerzen ganz lebendig und real;

aber im Unterbewußtsein wußte ich auch, daß niemand da war, um mir zu helfen. Ich fühlte mich verlassen. Solange ich konnte, hielt ich meine Augen fest geschlossen, um mir Elaines Fürsorge zumindest vorzustellen und sie festzuhalten, um meine momentane Sehnsucht danach zu stillen. Wenn ich schon nicht den Trost empfangen konnte, den ich mir wünschte, dann wollte ich ihn mir wenigstens vorstellen.

Doch der Traum verblaßte, und schließlich konnte ich ihn nicht länger festhalten. Es war ja nur eine Erinnerung. Die Vorstellung, daß sich auch jetzt jemand um mich gekümmert hatte, war nur ein Produkt meiner Phantasie. Ich versuchte verzweifelt, den Gedanken daran loszuwerden.

Den ganzen Tag über fühlte ich mich schwach. Ich wußte zwar, daß die Schmerzen nur in meiner Erinnerung lebten, aber ich konnte sie nicht abschütteln. Es war, als ob ich sie immer noch ertragen müßte und deswegen den gleichen Trost brauchte, wie ich ihn in meinem Traum erlebt hatte. Ich lenkte mich durch alles mögliche ab, aber innerlich tat es immer noch weh. Wie immer nach so einem Traum, mußte ich mich zu allem zwingen. Ich sollte ein Seminar leiten. Ich sollte kompetent wirken, aber tief im Inneren weinte ich.

Und natürlich sahen die anderen keine Notwendigkeit, mich zu trösten. Niemand sah den Schmerz in mir. Ich fühlte mich sehr alleingelassen. In gewissem Sinne wünschte ich es auch so; ich wollte sicher kein Mitleid erregen oder ein großes Theater verursachen. Ich wollte auch nicht, daß man mir sagte, ich »hätte meine Sache gut gemacht in Anbetracht . . .« Man sollte mir direkt sagen, ob ich meine Arbeit gut oder schlecht gemacht hatte. Ich wünschte Aufrichtigkeit. Wenn andere offen und ehrlich zu mir waren, dann hatte ich die Hoffnung, auch zu ihnen ehrlich sein zu können und ihnen meine tieferen Gefühle mitzuteilen.

Während des Tages war ich ein paar Mal den Tränen nahe, so niedergeschmettert fühlte ich mich, allein durch die Erinnerung an die erlittenen Schmerzen. Einmal wäre ich beinahe zusammengebrochen. Ich hatte einer anderen Krankenschwester zugehört, die einen Vortrag über Patientinnen mit einer Totaloperation hielt. Dieser Vortrag war für mich wie maßgeschneidert, und als wir Zeit hatten, Fragen zu stellen, erkundigte ich mich nach der Möglichkeit einer Beratung für solche Frauen. Das Gesicht der Krankenschwester war so freundlich, als sie mir antwortete und mich dabei ansah, daß ich ihre Worte kaum hörte. ›Sie hat wirklich Mitgefühl‹, dachte ich. ›Das ist wahrer Trost – allein schon die Liebe in ihren Augen.‹ Ich mußte mir auf die Lippen beißen, um die Tränen zurückzuhalten.

›Sei nicht dumm‹, schalt ich mich selbst. ›Du bist jetzt nicht krank; und du mußt deswegen auch nicht so getröstet werden.‹

Aber der Schmerz ist eine eigenartige Sache. Psychisch hält er oft viel länger an als physisch. Er läßt sich nicht wegargumentieren. Er ist ein stiller Gast, der kommt und geht, wie er will.

Ich versuchte zu beten. »Herr, diese Erinnerungen an meine Schmerzen quälen mich. Ich fühle mich so durcheinander und aufgewühlt. Ich sehne mich nach Trost. Du verstehst das besser als irgend jemand sonst, besser sogar als ich selbst. Bitte halte du mich fest, sprich zu mir und mach mich ruhig. Ich möchte deine Augen sehen, denn ich weiß, daß sie voll Erbarmen sind. Laß mich deine zärtliche Liebe spüren, von der ich weiß, daß sie da ist.«

Aber er tat es nicht. Es schien, als wäre er nicht da. Als hätte er sich zurückgezogen. Selbst geistlich fühlte ich mich vollkommen verlassen.

Weder die äußeren Ereignisse an diesem Tag, noch irgendein Erlebnis in meinem Leben konnte mich über die innere Leere hinwegtrösten, die ich erlebte. Es war etwas, das den Kern meines Seins betraf: Ich war wie ein Kind, das den Vater nicht sehen konnte. Gott selbst schien in weite Ferne gerückt. Kein äußerlich erfahrener Segen konnte das je aufwiegen. Mein Geist war niedergedrückt, wie unter der Last einer Anfechtung. Äußere Leistungen dienten nur dazu, mich in Selbstzufriedenheit einzulullen, was mich nur noch weiter von dem Punkt einer kindlichen Abhängigkeit entfernte, an dem ich eigentlich sein wollte.

Nach dem Seminar fühlte ich mich erschöpft. Sobald sich das Durcheinander der vielen fragenden Menschen aufgelöst hatte, schlüpfte ich wieder in mein Hotelzimmer nebenan. Ich hatte mich zu so viel gezwungen, daß ich jetzt Ruhe brauchte. Erleichtert trank ich die beruhigende Stille des schönen Raumes in mich hinein, die nach dem ständigen, ermüdenden Summen von Stimmen auf der Konferenz so angenehm war. Ich schloß die Tür fest zu und ließ mich aufs Bett fallen.

Sobald ich die Augen schloß, befand ich mich wieder in derselben Situation in Edinburgh. Ich konnte die Erinnerung an meine tiefgreifende Krankheit und Schwäche nicht aus meinen Gedanken vertreiben. Ich mußte daran denken, daß ich nicht einmal in der Lage gewesen war, zu schlucken. Fast spürte ich noch einmal, wie mir der Speichel aus dem Mund lief, die Wange hinunterrann und auf die Schulter des nicht sehr femininen Krankenhaushemdes tropfte, das um mich herumdrapiert war.

All diese Erinnerungen wühlten mich auf; es quälte mich, solche Schwäche und Not wieder erleben zu müssen. Aber in gewisser Weise wollte ich es noch einmal erleben. Ich wollte mir noch einmal Elaines Fürsorge vorstellen und mich mit dieser Erinnerung stärken, bis ich genug hatte.

Innerlich war ich völlig zerrissen. Ich wußte, daß ich letztendlich nie genug Trost haben würde. In mir war eine schmerzende Leere, die mit der Zeit zwar abnehmen, aber doch nie ganz vergehen würde. Neun Jahre waren vergangen, seit ich im Krankenhaus in Edinburgh gewesen war, und trotzdem stand mir die Erinnerung daran so klar vor Augen, als wäre es erst vor einer Woche gewesen. Es war völlig sinnlos, immer noch nach Trost zu suchen, besonders weil ich nun einmal hier allein war. Die Dinge wurden dadurch nur schlimmer, weil mich die Erinnerung an die Schmerzen dann so niederdrückten, daß ich mich immer schwächer und isolierter fühlte, weit von irgendeinem Trost entfernt.

»Hilf mir, Herr!« schluchzte ich. »Bitte, hilf mir doch.« Ich vergrub meinen Kopf in dem weichen Kissen.

Aber Gott schwieg. Es kam keine »Antwort«. Keine Reaktion. Geistlich änderte sich nichts, obwohl es eine Erleichterung für mich war, meinen Tränen freien Lauf zu lassen, nachdem ich mich am Morgen auf der Konferenz von allen Gefühlen hatte lösen müssen.

Ich griff nach meiner Bibel. Ich wollte auf Gott schauen, um Hilfe zu erfahren – aber ich fühlte mich von ihm enttäuscht. Ich war in Not; dies war eine der Situationen, in denen ich ihn am meisten brauchte. Und genau zu diesem Zeitpunkt hatte er es vorgezogen, sein Angesicht zu verbergen.

Ich wagte kaum, meinen Groll ihm gegenüber auszudrücken; statt dessen ließ ich in meiner Verwirrung den Psalmisten meine Fragen sprechen:

»Herr, warum stehst du so ferne und verbirgst dich zur Zeit der Not?« (Ps. 10,1) und:

»Herr, wie lange willst du mich so ganz vergessen? Wie lange verbirgst du dein Antlitz vor mir?

Wie lange soll ich sorgen in meiner Seele und mich ängsten in meinem Herzen täglich?« (Ps. 13,2–3)

Trotzdem zweifelte ich nicht daran, daß Gott bei mir war. Einen solchen Glauben konnte nur er mir schenken. Mir selbst war davon nichts zuzuschreiben. Das Bedrükkende dabei war jedoch, zu wissen, daß mein Gott und Vater da war . . . aber im Dunkeln.

Er blieb unsichtbar. Er war nicht dort, wo ich es mir gewünscht hätte. Er hatte mir versprochen, mich bei der Hand zu halten und immer bei mir zu sein, aber ich konnte ihn nicht spüren. In Psalm 77 gibt es einen Vers, den ich auswendig kannte: »Dein Weg ging durch das Meer und dein Pfad durch große Wasser; doch niemand sah deine Spur.« (Ps. 77,20)

Als ich schließlich etwas ruhiger wurde, konnte ich mir doch einer Sache gewiß sein: Ich wußte, daß ich nicht die einzige war, die dieses Dunkel erlebte. Ich hatte ein wenig über die geistlichen Vorbilder gelesen, die ähnliches erlebt hatten und davon nicht überrascht waren. Gott im Dunkeln zu erkennen, schien eine besondere Berufung zu sein. Schwester Rachel hatte mich in einem Punkt sehr bestärkt. Weil sie anscheinend einer der wenigen Menschen ist, die sich mit diesem Gefühl des Verlassenseins wirklich identifizieren, konnte ich ihre Weisheit annehmen. Auch jetzt erinnerte ich mich gut an die Worte, die sie mir geschrieben hatte:

»Wenn man tiefer in die Erkenntnisse über Gott eindringt, gerät man in die Wüste, wo man die wirkliche Bedeutung des Glaubens verstehen lernt. Im Bereich der Gefühle enthält uns Gott das Wissen um seine Gegenwart tatsächlich vor, und wir müssen lernen, daß Liebe eine Sache des Willens und nicht der Gefühle ist, damit wir ihn auch dann lieben, wenn ›er uns zuschanden werden läßt‹.

Wenn wir nur nicht immerzu weitergehen müßten, ohne eine Antwort! Gott schenkt uns einen kurzen Lichtstrahl der Sonne, aber nur, wenn er es will und nur zu dem von ihm bestimmten Zeipunkt. Dann reißen die Wolken auf – gerade lange genug, damit wir im Dunkeln weitermarschieren können.

Es mag Sie vielleicht überraschen, aber diese Dunkelheit war für mich die ganze Zeit in der Klostergemeinschaft bis etwa vor einem Jahr der Normalfall! Es hört sich alles sehr gut und richtig an, und das ist es auch; aber wenn man es erlebt, meint man, es ist die Hölle (und wahrscheinlich ist es auch eine Hölle).

Es bestand jedoch auch eine Gefahr, der ich mir bewußt war: Während sich mein himmlischer Vater manchmal zurückzog, um meinen Glauben zu vertiefen, konnte auch der Feind, der Teufel, den gleichen Umstand nutzen, um mich von Gott abzubringen. Deshalb sagte ich selbst in diesem erbärmlichen Zustand mit großer Autorität: ›Und wenn du, Teufel, irgend etwas damit zu tun hast, dann laß mich in Ruhe. Du hast kein Recht, mich zu verspotten. Ich bin Gottes Kind. Im Namen Jesu, verschwinde!‹«

Danach mußte ich unbedingt versuchen, meine umherirrenden Gedanken auf etwas anderes zu richten. Mein Wille war bis an die Grenzen gespannt, so groß war die Versuchung, mich der Phantasiewelt hinzugeben. Ich machte das Radio an. Der Klang einer Popmusik wurde gerade leiser. Ein Moderator begann, über das Entstehen einer Selbsthilfegruppe zu reden. Er berichtete, wie ein Ehepaar sein Kind verloren hatte. Die Ärzte und Krankenschwestern waren sehr freundlich gewesen, aber nur allzu bald ging die offizielle Hilfe zurück, und auch die Freunde und Bekannten des Paares redeten mit ihnen nicht mehr über diesen Schmerz. Jede Art der Hilfe, die sie zunächst erhalten hatten, blieb nach und nach aus. Aber ihr Bedürfnis nach Fürsorge und Trost war geblieben.

»Kein noch so großes Mitgefühl ändert etwas an der Tatsache, daß man *selbst* damit fertigwerden muß«, sagten sie. »In uns war eine brennende Leere, die gefüllt werden mußte. Wir haben diese Gruppe gegründet, um uns und anderen in einer ähnlich unglücklichen Lage zu helfen.«

Der Moderator fügte dieser »rührenden Geschichte« noch seinen eigenen Kommentar hinzu. Schmalzige Musik wurde im Hintergrund gespielt, und seine tiefe Stimme sagte sentimental: »Man muß doch den Mut dieses Paares bewundern, nicht wahr, wenn man hört, wie sie mit ihrem Unglück fertiggeworden sind.« Dann dröhnte das Gedudel der nächsten Platte los, und jeder wurde wieder auf eine fröhliche Sorglosigkeit eingestimmt.

Aber sie hatten doch gar keine Wahl gehabt!

Stöhnend vergrub ich mich in mein Kissen. Es war weder so romantisch noch so heldenhaft, wie der Moderator es dargestellt hatte. Er hatte sich täuschen lassen. Er sah nur die Bereiche, in denen sich das Paar tapfer gezeigt hatte, aber das war nur eine Seite an ihnen. Es gab auch noch eine andere, die vor Trauer über den schmerzlichen Verlust laut aufweinte.

Er beschrieb den Mut des Ehepaares als so heldenhaft, aber sie hatten es bestimmt ganz anders erlebt. Sie hatten sich wahrscheinlich vollkommen unfähig gefühlt, ihren Schmerz zu überwinden, aber wie sollten sie diese Unfähigkeit zum Ausdruck bringen können? Sie hatten keine Wahl; und sie sahen keinen Ausweg. Der Schmerz nimmt sein Opfer einfach gefangen. Er beherrscht jede Bewegung, fast als wäre man eine Puppe, die aufgezogen wird und nicht eher aufhören kann, als bis sie abgelaufen ist. Unter seinem Einfluß und seiner Befehlsgewalt hatte ich oft das Gefühl gehabt, gezwungenermaßen die entsetzlichen mechanischen Abläufe eines von Schmerz geprägten Lebens ausführen zu müssen.

Dieses Ehepaar wollte sicher nicht bewundert werden. Bewunderung war ja ganz schön – genauso, wie es für mich schön gewesen war, hin und wieder bewundert zu werden. Aber keine noch so große Bewunderung konnte den tiefen Schmerz des Herzens aufwiegen. Und ich wußte, daß ich genau an diesem Tag keine Bewunderung wollte, weder für meinen Vortrag – obwohl das auch seinen Platz haben muß – noch für die Bewältigung meiner Not. Tief im Inneren wünschte ich mir zärtliche, liebevolle Zuwendung.

Mein Traum und die Erinnerung an Elaines Besuch in Edinburgh hatten deshalb eine solche Anziehungskraft, weil ich damals in meiner Schwachheit getröstet worden war. Ich hatte mich nicht abmühen müssen, um ihr zu beweisen, daß ich tapfer war. Was mir an dieser Erinnerung so viel bedeutete, war nicht Elaines Bewunderung, sondern ihr Mitgefühl. Sie hatte mich in meiner Passivität sogar schon getröstet, noch bevor ich überhaupt wußte, daß sie bei mir war. Dieses eine Mal hatte man mich überrascht – es war mir nicht mehr möglich gewesen, mit Mühe ein tapferes Gesicht aufzusetzen. Für mich eine ungewöhnliche Situation. Normalerweise lehne ich mich nicht einfach zurück und genieße es, in meiner Schwachheit getröstet zu werden, denn das würde ja bedeuten, sich dem Selbstmitleid hinzugeben, wie ich immer meinte.

Ich drehte mich auf dem Bett um und wurde von der sanften Radiomusik allmählich müde. Endlich schlief ich ein und konnte so zumindest einigen meiner düsteren Gedanken entrinnen.

Dieses Mal erwachte ich sanft und wollte mich wieder für die Konferenz frisch machen. Also ging ich unter die Dusche des exquisiten Hotel-Badezimmers. In dem riesigen, getönten Spiegel an der Wand gegenüber erblickte ich plötzlich meine Gestalt. Die rote, aufdringliche Narbe, die über meinen Unterleib lief, schien mich anzustarren. In diesem Moment haßte ich sie, oder besser gesagt, das, was sie bedeutete. Ich wollte nicht hinsehen. Schnell wickelte ich mich in mein warmes Handtuch und begann, mich anzuziehen.

Wollte ich meine Leidensgeschichte kaschieren? War das meine Art, damit »fertigzuwerden«, indem ich das, was mir weh tat, einfach unterdrückte und verbarg? Ein Satz ging mir in diesem Zusammenhang nicht mehr aus dem Sinn. So oft hatte ich andere sagen hören: »Ich weiß nicht, wie Sie damit so großartig fertig werden.«

Doch sie irren sich. Sie halten mich für das, was ich zu sein scheine. Ich bin nicht tapfer. Ich verdiene keine Bewunderung. In meinem Inneren werde ich gar nicht so »großartig« damit fertig. Wenn ich akute Schmerzanfälle habe, muß ich Minuten, ja sogar Stunden darum kämpfen, nicht vor Schmerz laut zu schreien.

Während des ganzen Tages sagte ich niemandem auf der Konferenz etwas von meiner inneren Trostlosigkeit. Ich konnte es einfach nicht. Und wenn ich es gewagt hätte, was hätte ich schon sagen sollen? Mir fiel nichts ein, worum ich irgend jemand hätte bitten können. Ich wußte, ich brauchte einfach Trost – aber wie hätte ich darum bitten können? Hinter dem inneren Schmerz, den ich empfand, stand eine lange, schwierige Geschichte. Wie hätte jemand das alles nachempfinden können?

Ich konnte durchaus verstehen, warum man mir sagte, ich würde so großartig mit meinen Schwierigkeiten fertig. Gewöhnlich versuchte ich, ganz normal zu erscheinen, genau wie an diesem Tag; und es machte mir auch Spaß. Aber ich erkannte auch, daß meine Bemühungen, wieder ganz am Leben teilzuhaben, viele andere daran hinderte, mein Leid zu sehen. Hatte ich es gewagt, jemandem von meinen tiefsten Gefühlen zu erzählen, war immer dieselbe Antwort gekommen: »Jane, das habe ich nicht gewußt.«

Genau das ist der springende Punkt. Die anderen Menschen wissen nie wirklich, was mit mir los ist. Das Leid ist etwas Privates. Sie können es nie ganz erfassen. Vielleicht hat jeder Mensch seine eigene Not und lebt damit vom anderen getrennt. Wie es das Ehepaar im Radio gesagt hatte: »Andere können vielleicht dabei helfen, mit den Schwierigkeiten fertig zu werden, aber man muß doch selbst hindurch.«

Aber ich war Christ. Ich wußte, daß Gott sich um mich kümmert, und daß er uns Menschen durch alles hindurchhelfen will. Ich wußte, daß er bei mir war. Wieso fühlte ich mich dann so allein?

Ich hatte soviel empfangen, und meine Familie und Freunde hatten sich wunderbar um mich gekümmert und mir geholfen. War ich jetzt undankbar, weil ich mich alleingelassen fühlte?

Nein. Matthew beruhigte mich oft mit den Worten, daß er mich deswegen nie verurteilen würde, weil er mich nur zu gut verstand. Doch egal, wie nahe wir uns auch waren, immer stand er nur neben mir. Das war in gewisser Weise das Schrecklichste, was er ertragen mußte: Er konnte zwar zuschauen und mich umsorgen, aber er war nicht in der Lage, die Schmerzen wegzunehmen.

Viel später redete ich einmal mit meiner Freundin Sarah über diese Dinge. Ich war wieder einmal wegen einer neuen Schmerzphase sehr niedergeschlagen.

»Ich weiß nicht, was ich dir sagen soll, Jane«, meinte sie unglücklich. »Ich fühle mich schrecklich unfähig und nutzlos. Aber es gibt nichts, womit ich dir helfen könnte.«

»Du hast mir geholfen«, erwiderte ich mit Überzeugung. »Du nimmst dir immer Zeit, um mir zuzuhören, und du gibst mir dabei nicht das Gefühl, lästig zu sein; und du findest auch ein paar ermutigende Worte, die nicht leer und hohl sind. Du bist jemand, von dem ich immer weiß, daß er mich verstehen will.«

Das stimmte. Ein Grund meiner Niedergedrücktheit war der Umstand, daß ich einige Christen getroffen hatte, die nur die Achseln gezuckt und gesagt hatten: »Na ja, Gott wird's schon wieder hinkriegen.« Mir ist klar, daß sie mich damit aufheitern wollten, indem sie mir die schöne Seite zeigten. Aber es führte nur dazu, meine Niedergeschlagenheit noch zu vergrößern, weil ich unmöglich die Schmerzen und Schwierigkeiten einfach ignorieren konnte, wie sie es von mir anscheinend erwarteten. Dadurch wurde ich in meinen Schmerzen noch einsamer.

Die Einsamkeit im Schmerz ist vielleicht der grausamste Faktor. Sie birgt die Gefahr, daß man sich von anderen getrennt und, was noch schlimmer ist, von Gott verlassen fühlt.

Mein Gespräch mit Sarah ging bis in den Abend hinein. Sie hatte auch ihre persönlichen Schwierigkeiten, über die sie sprechen wollte. Kürzlich war es ihr in großen Problemen sehr schwer gefallen, ihren Glauben an die Güte Gottes zu bewahren. Als wir gemeinsam über die Zeiten sprachen, in denen wir beide ganz unten waren, begannen wir, etwas sehr Kostbares zu erkennen.

Ich dachte darüber nach, wie Jesus sich gefühlt haben mußte, als Judas Ischarioth ihn und die anderen Jünger verließ, um ihn zu verraten.

Paradoxerweise ist der Tod in der christlichen Erfahrung immer die Tür zum Leben. Als ich diese Wahrheit erfaßte, fühlte ich mich wieder fähig, mein Leid in Geduld zu ertragen.

Trotzdem: In der Fülle leben

Ertraget eure Leiden in Geduld. (2. Korinther 1,6)

Ich glaube, daß Gott mich dazu berufen hat, ihm auch in Dunkelheit zu vertrauen und selbst im Leiden an seiner Hand festzuhalten. Er möchte, daß ich alle Dinge mit ihm ertrage.

Doch leider kann ich Schmerzen und Leid nicht einfach übersehen oder ihnen den Rücken zuwenden. Der Schmerz ist kein dekoratives Accessoire wie eine Handtasche, bei der man nach einer gewissen Zeit nicht mehr merkt, daß man sie dabeihat. Für mich ist es nur möglich, in der Fülle zu leben, wenn ich das Leben auch in seiner ganzen Fülle annehme – und das schließt den Schmerz mit ein. Es bedeutet, den Schmerz als einen Teil meiner selbst, meines Seins anzunehmen. Doch das ist ein harter Weg.

Es gibt eine Form der Müdigkeit, die die Menschen, die nie krank sind, gar nicht kennen. Oft bin ich zu müde, um zu lesen oder zu stricken, weil mir meine Arme zu schwer sind. Wenn ich aufwache, fühle ich mich nicht ausgeruht. Ich spüre immer noch, wieviel Energie es mich kostet, meinen Kopf zu heben und auf die Uhr zu sehen. Waren die Schmerzen eine Zeitlang sehr schlimm, dann ist selbst das Atmen ermüdend, so daß ich es sogar als Anstrengung und fast schon als störend empfinde, wenn ich meinen Brustkorb um dieses kleine Bißchen heben muß, das nötig ist, um Luft zu holen. Meine Arme oder meinen Körper in seiner bloßen Existenz zu tragen, scheint zuviel zu sein. Ich bin einfach zu müde dazu.

Ich frage mich, wie lange ich noch in diesem Zustand weiterleben kann, aber ich bin immer noch da. Manchmal muß ich mich auch darauf konzentrieren, daß meine Muskeln mich überhaupt aufrechthalten (wenn ich mich in einer solchen Situation gerade mit jemandem unterhalte, mag der andere sich vielleicht fragen, warum ich so unkonzentriert bin). Dann fühle ich mich wie ein ferngesteuerter Roboter, und ich muß mich selbst dazu zwingen, beim Gehen einen Schritt vor den anderen zu setzen. Dabei kann ich nur hoffen, nicht hinzufallen. Es gibt aber auch Momente, in denen ich mir wünsche, einfach hinzufallen und mich selbst ganz loszulassen, um mich von dem Gewicht meines lebendigen Körpers zu befreien.

Die Zeit vergeht sehr langsam. Ich versuche, nicht immer auf die Uhr zu sehen. Aber dann merke ich plötzlich, daß mehr Zeit vergangen ist, als ich geglaubt hatte, und das ist ein wahrer Segen. Ich freue mich auf den Tag, an dem diese schmerzvolle Lebensphase einmal vorüber ist.

Aber diese »Lebensphase« geht weiter, und ich erkenne, daß der Schmerz ein wesentlicher Bestandteil meines Lebens ist. Ich kann es gar nicht erwarten, bis dieses Leben vorüber ist, aber ich muß es lernen, zu leben, ohne auf das Verstreichen der Minuten zu warten. Ich kann auch meine Schmerzen nicht am Kreuz lassen, denn – wie der Junge im Rollstuhl auf einem sehr eindrücklichen Plakat – ich könnte ohne sie nicht weggehen. Statt dessen muß ich mit all meiner Kraft versuchen, das Beste aus meinem schmerzgeprägten Leben zu machen.

Die Schmerzen verlangen ihren Preis, nicht nur von mir, sondern natürlich auch von meiner Familie und besonders von Matthew. Ich schaffe es gerade noch, mit konkreten Bauchschmerzen fertig zu werden. Diese Schmerzen sind zumindest nur auf einen Bereich begrenzt. Aber ich ertrage es nicht, wenn sich diese Schmerzen auch auf andere auswirken, besonders auf einen Menschen, den ich so sehr liebe. Es verändert unsere Beziehung – eine Beziehung, die einmal sehr eng war, und es erbittert mich manchmal, daß etwas so Kostbares durch meine Schmerzen in Mitleidenschaft gezogen wurde.

Bis 1980 fielen keine bösen oder anklagenden Worte zwischen uns. Nie. Aber jetzt kommt es vor. Wie immer sind es die dummen, kleinen Nebensächlichkeiten, die heftige Reaktionen hervorrufen. Anstatt uns gegenseitig Kraft und neuen Mut zu schenken, um zusammen gegen das Leiden zu kämpfen, ist auf einmal alles irgendwie verdreht, und schließlich scheinen wir gegeneinander zu kämpfen.

Nicht nur ich fühle mich am Ende meiner Kräfte, Matthew geht es genauso. Es kommt mir so vor, als ob er nur eine gewisse Zeit mein Leiden mitansehen und sich mitfühlend und hilfsbereit mir gegenüber verhalten kann; irgendwann kommt der Punkt, wo er an die Grenzen seiner Selbstlosigkeit stößt. Dann wird er sich dessen bewußt, was es ihn kostet, und er lehnt sich dagegen auf. Nicht gegen mich: gegen meinen Zustand. Aber ich habe, während ich ihn beobachte, daß Gefühl, die Schuldige zu sein. Die

Schmerzen sind ein Teil von mir. Kann ich nicht besser damit zurechtkommen, damit er nicht auch darunter zu leiden hat?

Neulich erlebte ich einen schlechten Tag mitten in einer Woche, in der ich einfach nur darum kämpfte, nicht aufzugeben. Ich mußte mich selbst dazu zwingen, die wichtigsten Hausarbeiten zu erledigen. Ich dachte schon, ich würde meine Sache ganz gut machen, bis ich plötzlich das kratzende Geräusch unserer schicken Holzstühle hörte, die roh auf dem Küchenfußboden herumgestoßen wurden.

»Keine Butter da!« schimpfte jemand heftig. Matthew war gereizt. Morgens hatte er gern Butter auf seinem Toast; das ist eins seiner Vergnügen, die ihm seine Fitneß-Diät etwas versüßen.

Ich zuckte zusammen. Ich fühlte mich angegriffen, obwohl er sich nur über die Situation, nicht über mich persönlich geärgert hatte. Aber er hatte gewußt, daß ich genau über der Küche die Wäsche aus dem Trockner zusammenlegte. (Du mußt dich auf den Beinen halten, Jane. Darfst nicht daran denken, dich hinzulegen. Zuerst noch das hier erledigen.)

Immerhin war er so verärgert, daß es ihm wahrscheinlich egal war, ob ich es gehört hatte.

In Gedanken ließ ich die letzten Tage an mir vorüberziehen. Warum war keine Butter da? Wieso hatte ich die alte einfach ausgehen lassen, ohne sie durch eine neue zu ersetzen? Ich hatte das Gefühl, als Ehefrau versagt zu haben. Eine anständige Frau hätte darauf geachtet, daß immer genug Butter für den Toast ihres Mannes da war.

Ich erinnerte mich daran, wie ich die leere Butterdose am Vortag zur Spüle getragen hatte. ›Ich muß ein neues Stück aus der Gefriertruhe holen‹, hatte ich müde gedacht, als ich die Abwaschbürste genommen hatte, um die Dose zu spülen. ›Später‹, hatte ich innerlich hinzugefügt, weil ich daran dachte, wie weit die Gefriertruhe in der Garage im Augenblick weg zu sein schien. Und später hatte ich es natürlich vergessen.

Als ich jetzt die ordentlich zusammengefalteten Geschirrtücher in die Küche trug, überlegte ich, was ich sagen sollte. Es war mein Fehler. Ich konnte die Schuld für so eine Bagatelle wirklich nicht den Schmerzen geben. Schließlich war ich faul und vergeßlich gewesen.

Matthew war nicht mehr da. Er rumorte jetzt in seinem Arbeitszimmer herum. An der Pinnwand hing wie immer meine Einkaufsliste. Über die gesamte Seite war ein einziges Wort gekritzelt: BUTTER.

Ich tat mir selbst leid, als ich die frischen Geschirrtücher in ein Schränkchen legte. Ich dachte an alles, was ich in der vergangenen Woche bewältigt hatte, obwohl ich dabei immer mit meiner physischen Verfassung kämpfen mußte. Und Matthew sah es überhaupt nicht. Alles, was er an diesem Morgen tat, war, seinem Ärger gegenüber dem Bereich Luft zu machen, in dem ich versagt hatte.

Wenn ich in diesem Bewußtsein lebe, ein »Versager« zu sein, und dazu noch ganz von Schmerzen beherrscht werde, dann ist es für mich mit das Schlimmste, wenn ich in die Zukunft sehe. Leid in Geduld zu ertragen, ist viel schwerer, wenn es keine zeitliche Begrenzung dafür zu geben scheint. Wie schnell kann ein Gefühl der Verzweiflung, eine Art Platzangst entstehen. Selbst durch die unbedeutendsten Ereignisse bin ich dann niedergeschlagen, weil sie die Erinnerung an tiefe, mit ähnlichen Schmerzen verbundene Qualen wachrufen.

Der ermüdendste Aspekt chronischer Schmerzen ist ihre unbarmherzige Beständigkeit. Manchmal fühle ich mich davon gefangengenommen; ich muß dauernd mit ihnen leben. Ich ertappe mich selbst bei dem Gedanken: ›Ich kann es nicht mehr ertragen.‹ Wenn ich mich auf einen Tag oder einen Zeitpunkt freuen könnte, an dem ich keine Schmerzen mehr hätte, und mich mit dem Gedanken trösten könnte, daß es mir bald besser gehen würde, könnte ich vielleicht eher damit fertig werden. Aber an manchen Tagen erscheint mir morgens sogar der Nachmittag in endlose Ferne gerückt, und ich denke dann: ›Ich kann nicht mehr durchhalten, bis die Kinder im Bett sind. Bestimmt breche ich vorher zusammen.‹

Aber das heißt schon wieder, in die Zukunft zu sehen. Statt dessen versuche ich zu lernen, wie ich nur die Gegenwart im Auge behalten kann. Ich sollte mir selbst sagen: ›*Jetzt* hältst du es aus, Jane‹, denn Schmerzen sind trügerisch. Sie erwecken den Eindruck, als könnten sie mich lange Zeit völlig beherrschen. In Wirklichkeit macht aber ein Tag oft schon einen großen Unterschied. Innerhalb von ein paar Stunden können aus unerträglichen Schmerzen einigermaßen erträgliche Schmerzen werden. Und es ist natürlich auch allgemein bekannt, daß Schmerzen von der seelischen Verfassung beeinflußt werden. Ich schäme mich fast zuzugeben, daß schon die kleinsten Nebensächlichkeiten, wie zum Beispiel Geschirrspülen, meine Stimmung soweit heben können, daß die Schmerzen erträglicher erscheinen.

Andere Menschen können helfen und tun es auch. Matthew und ich sind oft völlig überrascht, welche Opfer andere Familien oder Freunde bringen, um uns zu helfen, ganz egal, auf welche Art sie es tun. Und doch kann auch das wieder Spannungen hervorrufen. Diese Menschen geben uns die Unterstützung, die ihnen am besten erscheint, die aber nicht immer die hilfreichste ist.

Jeder, der uns ganz praktische Hilfe leistet, repräsentiert dabei unseren ganz praktisch helfenden Gott. Eines Tages rief eine Freundin an, Annegret, um sich nach meinem Befinden zu erkundigen. Ich sagte ihr, daß ich mich wieder unwohl fühlte. Dieses Mal war es zwar nicht so schlimm, daß ich wieder ins Krankenhaus eingeliefert werden mußte, aber ich hatte doch große Schmerzen. Nur zwei Stunden später erschien Annegret bei uns und brachte Essen mit, das sie für die ganze kommende Woche liebevoll für uns vorgekocht hatte. Sie hielt das nur für eine geringe Hilfe angesichts solchen Leides – lieber hätte sie mich von meinen Schmerzen befreit. Doch ihr Besuch erschien mir wie ein Besuch Gottes, der damit sagen wollte: »Dies ist ein Zeichen, daß ich mich um dich kümmere, auch in den ganz praktischen Dingen.«

Zu einer anderen Gelegenheit, als ich im Bett liegen mußte, kamen jedoch einmal zwei Leute unangemeldet und brachten vier Mahlzeiten mit. Wurden wir nicht verwöhnt? Ja, außer, daß alles vorher eingefroren gewesen war und bald gegessen werden mußte. Was die Sache noch komplizierter machte, war, daß wir schon Sachen im Kühlschrank hatten, die gekocht werden mußten, um nicht schlecht zu werden. Während Matthew also nach außen hin den lieben Freunden für ihr gut gemeintes Geschenk dankte, stöhnte er innerlich. Er mußte jetzt trotzdem noch kochen; er mußte trotzdem noch überlegen, wie er die Nahrungsmittel am besten verwenden konnte; und er mußte trotzdem planen, welche Speise als erste zubereitet werden mußte. Und als er die Tür hinter diesen Freunden schloß, langweilten sich die Kinder.

Das Wohnzimmer wirkte jetzt muffig und nicht sehr einladend. Die Tische mit den Glasplatten waren mit fettigen Fingerabdrücken verschmiert. Auf den Regalen standen leere Tassen herum. Matthew schleppte sich in diese deprimierende Szene, noch rechtzeitig, um Philippa von neuen Dummheiten abzuhalten. Sie genoß gerade ihre neuentdeckte Fähigkeit zu krabbeln, und streckte in diesem Augenblick die Hände nach der verführerisch glänzenden Zuckerdose aus. Als sie tolpatschig danach grabschen wollte, stieß sie eine halbvolle Tasse um.

»Widerlich!« brummte Matthew leise und stapfte schweren Schrittes auf sie zu. Er hinderte ihre forschungsfreudigen Ärmchen daran, in dem kalten Tee herumzupatschen, der jetzt auf den Teppich tropfte, und trug sie in die Küche, um sie zu waschen. Hier traf er auf ein weiteres Chaos. Von den Leuten, die das Essen gebracht hatten, standen noch die Keksdosen herum. Er schnappte eine noch geschlossene Dose, doch bevor er sie wegstellen konnte, ertönte aus dem Wohnzimmer plötzlich Geheul.

Angus ertrug viele Besucher nur mit Langeweile. Denn sie schlossen ihn aus ihrer Unterhaltung über »wichtige Dinge« aus. Mit seinen drei Jahren hätte er seinen eigenen Beitrag zur Unterhaltung über Mamis wehen Bauch liefern können. Es hätte ihm Spaß gemacht, den anderen zu erklären, daß man ihr einen Schlauch in die »Blutbahn« gesteckt hatte, der seiner Meinung nach wie ein fahrender Zug auf Schienen aussah. Aber man hatte von ihm keine Unterhaltung erwartet, also hatte er sich zurückgezogen. Zur eigenen Unterhaltung dachte er sich eine interessante Sportübung aus und sprang nun von einem Holzstuhl auf ein riesiges Sitzkissen am Boden. Das amüsierte ihn eine Weile, bis er sich bei einem Sprung aus Versehen den Kopf am Bücherregal stieß.

Matthew rannte zu ihm. Die Tränen flossen ungehemmt, aber mehr aus Langeweile als auf Grund körperlicher Schmerzen. Angus wollte Matthew dadurch mitteilen, daß sich sein Daddy genauso viel Zeit für ihn nehmen sollte, wie er es für andere tat. Die Erwachsenen hatten irgendwie den Kniff heraus, wie man sofort die Aufmerksamkeit auf sich lenken konnte: Indem man an der Haustür klingelte. Matthew ging dann hin, und sie vertieften sich in eine Unterhaltung. Angus kam selten in den gleichen Genuß von Matthews ungeteilter Aufmerksamkeit. Er kam erst an zweiter Stelle nach der Hausglocke oder dem Telefon. Er war noch zu klein, um zu wissen, wie man auf gesellschaftsfähige Art etwas Zeit vom vielbeschäftigten Daddy erhielt, außer durch großes Geschrei.

Matthew wiegte Angus in seinen Armen und strich ihm

übers Haar. Er bewunderte die Turnübung, und bald schon lachten sie beide über die Beule am Kopf. »Beulen sind unvermeidlich, wenn man gefährliche Dinge tut und Spaß im Leben haben will«, kamen sie überein. »Doch der Schmerz ist die Sache schon wert, wenn man dabei auch Spaß gehabt hat.«

Oben im Bett hörte ich alles mit an.

»Soll ich dir eine Geschichte vorlesen?« schlug Matthew Angus vor. Geschichten waren eine gute Gelegenheit, etwas Zeit in ruhiger und vertraulicher Atmosphäre miteinander zu verbringen. Das würde ihn unterhalten.

»Oooh!« kam die begeisterte Antwort, und Angus lief und holte ein Buch.

Aber in Matthews Stimme lag heute nicht die gleiche Begeisterung wie sonst. Er las mechanisch. Seine Gedanken waren nicht bei Jim Knopf und der Lokomotive. Sie waren in seinem Arbeitszimmer, bei seiner Arbeit. Er brauchte Zeit zum Nachdenken: Wie konnte er am besten diese vier Mütter motivieren, bei dem neuen Babydienst in der Kirche mitzuhelfen? Wie kamen die drei Teenager zurecht, deren Mutter letzte Woche gestorben war? Wie konnte er das Interesse der Kinder morgen im Religionsunterricht fesseln? Das war Arbeit – seine Arbeit. Kleine Kinder zu unterhalten, war keine richtige Arbeit; nicht auf dieselbe, erfüllende Art. Wie konnte er Gott in seiner Arbeit diese Woche gerecht werden, ohne Zeit zu haben? Zeit zum Nachdenken? Zeit zum Beten?

Die Geschichte war zu Ende, und während Philippa ganz zufrieden eine neue Spielzeugschachtel entleerte, überlegte Matthew, wie er ein paar Minuten für sich stehlen konnte. Er begann, die leeren Tassen einzusammeln. »Du machst einfach weiter, und ich versuche, ein bißchen sauber zu machen«, schlug er Angus vor.

Aber Angus war es immer noch langweilig; kein Vorschlag konnte jetzt sein Interesse fesseln. »Darf ich fernsehen? *Meine* Sendung?« fragte er, weil er die ganz bestimmte Stellung der Uhrzeiger kannte, die den Beginn des Kinderprogramms um vier Uhr nachmittags ankündigten.

Matthew wurde davon abgehalten, das Geschirr wegzutragen. An seinen Plänen gehindert, drehte er sich um und war verärgert, daß Angus es wieder geschafft hatte, ein bißchen Aufmerksamkeit von ihm zu ergattern. Ein bißchen und wieder ein bißchen; wenn es nicht der Besuch von Freunden war, war es Angus oder das Telefon oder Philippa.

Und er war schon eine ganze Zeit nicht mehr bei mir oben gewesen ... bei mir, die ich lautlos eine Träne geweint hatte, als ich ihre Unterhaltung vor ein paar Minuten mit angehört hatte. »Schmerzen sind die Sache wert, wenn man dabei Spaß gehabt hat«, hatten sie gesagt. ›Aber was ist, wenn sie erst gar keinen Spaß aufkommen lassen?‹ fragte ich mich. Ich war froh, daß Matthew nicht nach oben gekommen war. Ich wäre nur noch eine weitere Belastung für ihn gewesen. Und er litt auch so schon genug.

»Nun, es kommt darauf an, welche Sendung es ist«, lautete Matthews zögerndes Zugeständnis. Aber Angus war schon hinübergesaust, um auf den Knopf zu drücken. »Muppets!« rief er mit größter Wonne. »Bei Mami darf ich es anschauen!«

Matthew stapfte in die Küche. Er fühlte sich völlig überfahren; als hätte er keine Möglichkeit mehr, eigene Entscheidungen zu treffen. Er fühlte sich von den Auswirkungen meiner Schmerzen beherrscht.

Oben im Bett konnte ich keine Ruhe finden. Obwohl ich mich körperlich in der Ruhelage befand, war mein Geist ein einziges Chaos. Ich konnte teilweise verstehen, warum Matthew litt, und ich wollte ihm gern helfen. Er tat mir einerseits leid, andererseits fürchtete ich auch seinen Ärger. Ich wußte, daß er unfreundlich werden konnte – vielleicht zu mir, vielleicht auch zu den Kindern. Aber ich wußte auch, daß es nicht persönlich gemeint war. Genauso, wie ich manchmal körperlich mehr erdulden muß, als ich meine, ertragen zu können, mußte er jetzt emotional und nervlich zuviel einstecken.

Ist es vielleicht undankbar von Matthew, daß er die Hilfe anderer als Last empfindet? Hierin liegt für ihn eine weitere Quelle innerer Spannungen. Er weiß, daß er für jede Hilfe von anderen dankbar sein sollte. Nie hätte er sie mit der Bitte verletzen können, ihre Hilfe in besserer Form anzubieten. Also erträgt er noch mehr – wortlos.

Es ist unvermeidlich, daß er innerlich emotional reagiert. Ich möchte, daß er sich frei fühlt, diese Reaktion auszudrücken, anstatt sie zu unterdrücken und dabei seine Gefühle in sich zu verschließen. Er neigt sowieso dazu, weil ihm in einem Internat anerzogen wurde, es sei »gut«, negative Gefühle nicht zu zeigen. Dieser Gedanke ist so tief in ihm verwurzelt, daß er sich automatisch schuldig fühlt, wenn er sich ärgert. Wenn es dazu gekommen ist, leugnet er es entweder, oder er wird still (was leicht als Übellaunigkeit mißverstanden werden kann) und kämpft innerlich mit sich selbst.

Auf der einen Seite würde Matthew am liebsten meinetwegen weinen und sich gegen die offensichtliche Ungerechtigkeit auflehnen, daß er mitansehen muß, wie ich mehr als viele andere Menschen leide; auf der anderen Seite ist er zutiefst davon überzeugt, daß er mit diesem Problem fertig werden muß. Diese Überzeugung wird noch verstärkt, wenn er Gottes Hand in all unserem Leiden erkennt. Wenn Gott so eindeutig darin zu sehen ist, dann sollte Matthew doch sicher in der Lage sein, es mit der heiteren Gelassenheit eines Christen durchzustehen?!

Zusätzlich zu dieser Spannung muß er auch noch mit den ganz alltäglichen, praktischen Arbeiten zurechtkommen, wie zum Beispiel die Kinder zufriedenzustellen oder sich die nächste Mahlzeit zu überlegen – Dinge, von denen er nicht gewohnt ist, sie gleichzeitig zu erledigen.

Wie uns andere dabei helfen können, das Leid in Geduld zu ertragen? Zum Beispiel, indem sie uns auf alle mögliche Art Mut machen, auch durch Gebet. Es handelt sich dabei nicht um Gebete, in denen Gott beharrlich gesagt wird, was er zu tun hat, sondern um ein stilles, gemeinsames Warten auf ihn. Mir wurde nicht nur durch die direkte Wirkung der für mich gesprochenen Gebete geholfen, sondern auch, weil ich erlebte, wie sehr Matthew dadurch gestärkt wurde und inneren Frieden fand.

Ungefähr eineinhalb Jahre lang, während Matthew auf dem theologischen College war, trafen sich jeden Montag etwa ein Dutzend treuer Freunde zum gemeinsamen Gebet, wie ich schon berichtet habe. Sie fingen damit an, als meine Krankheit 1980 ihren kritischsten Punkt erreicht hatte, aber sie gaben nicht gleich auf, sobald die Krise vorüber war. Sogar als sich ihnen andere, neue Aufgaben stellten, ließen sie sich nicht davon abbringen. Für Matthew und mich bedeutete ihre Treue eine unglaubliche Ermutigung. Und sie kamen zu der Überzeugung, daß die Beter selbst einen ebenso großen Gewinn davon haben, wie die, für die gebetet wurde.

Es war an einem solchen Abend, kurz vor Ostern 1980, als die Aufmerksamkeit der Gruppe auf einen bestimmten Vers gelenkt wurde, der für mich immer noch eine große Kraftquelle ist. Sie waren lange Zeit still gewesen und hatten mich einfach im Geist vor Gott gebracht. Eine Ruhe kam über sie, sanft und doch kraftvoll. Dann wurde die Stille von drei verschiedenen Leuten unterbrochen.

»Mir klingt eine Melodie ständig in den Ohren«, sagte Peter.

»Ich habe ein Bild vor Augen«, sagte Anne.

»Mir geht ein Vers nicht mehr aus dem Kopf«, war Johns Beitrag. »Aber ich weiß nicht genau, wo er steht.«

»Vielleicht weiß es jemand anderes?« Alastair leitete diesen Abend. »Sag uns doch, worum es geht.«

Die Worte kamen leicht von Johns Lippen, als er den Vers zitierte: »Die Güte des Herrn . . . hat noch kein Ende, sondern sie ist alle Morgen neu, und deine Treue ist groß« (Klagel. 3,22–23). Er konnte nicht ahnen, wie sehr sein Vertrauen in diese Worte durch die lange und schwere Krankheit seiner Frau Sadie in den folgenden Jahren geprüft werden würde.

»Das ist erstaunlich, daß du ausgerechnet diesen Vers zitierst!« rief Peter aus. »Denn die Melodie, die mir eingefallen ist, war das Lied mit genau diesen Worten.« Er nahm seine Gitarre, und alle stimmten leise in das Lied über die große Treue Gottes ein.

Nachdem es zu Ende war, kam Anne an die Reihe. »Mein Bild paßt zum Vers und auch zum Lied«, sagte sie. »Ich sehe einen Krokus vor mir, einen wunderschönen Krokus. Die äußeren Blätter umschließen die zarte Knospe der Blume. Es ist, als ob eine liebevolle Hand eine kostbare Sache oder Person schützen will.«

Im Zimmer war es wieder still, während alle darüber nachsannen, was sie sich gegenseitig mitgeteilt hatten. Sie staunten alle über die eine Botschaft der Verheißung und Liebe, die so deutlich auf drei verschiedene Arten, aber zur gleichen Zeit geschickt worden war. Allmählich lösten Lobgesang und -gebet die Stille ab, weil sich Gottes Geist so gnädig unter ihnen erwies.

Ich war zu müde gewesen, um gerade zu diesem Treffen zu gehen, aber sobald Matthew hinterher nach Hause kam, merkte ich, daß er mir etwas ganz Außerordentliches mitzuteilen hatte. Er war von einem wunderbar starken Frieden umgeben.

Die Gruppe berichtete mir nicht nur über diesen Vers, um damit eine einfache Erklärung für mein Leid zu haben und sich selbst davon distanzieren zu können. Der Vers steht übrigens in einem Zusammenhang, der großes Leid beschreibt. Es war ein Schrei, den Jeremia ausstieß, als er zum Herrn in tiefer Not rief: »Gott hat mich geführt und gehen lassen in die Finsternis und nicht ins Licht.« (Klagel. 3,2) Doch Jeremia schöpfte immer wieder neue Hoffnung, sobald er sich daran erinnerte, daß Gottes große Treue beständig ist, selbst in den Tiefen des Leides: »Denn der Herr verstößt nicht ewig; sondern er betrübt wohl und erbarmt sich wieder nach seiner großen Güte.« (Klagel. 3,31–32)

Wenn mein eigenes Vertrauen schwindet und Fragen zu Zweifeln werden, dann ist es nicht nur meine körperliche Kraft, die nachläßt; auch emotional und geistig werde ich schwächer und bin auf die Hilfe anderer angewiesen. Obwohl ich damals nicht dabei war, schenkte mir dieser besondere Abend im Jahr 1980 ein tiefes Vertrauen in die große Treue Gottes, ungeachtet der äußeren Umstände. Weil andere – sozusagen stellvertretend für mich – auf Gott warteten, wurde mir das Kapitel 3 der Klagelieder zu einer besonderen Quelle des Trostes.

Damit dieser Vers nichts an Bedeutung für mich verliert, muß ich Geduld haben. In die Zukunft sehen, würde bedeuten, die Geduld zu verlieren. Nach einer zeitlichen Begrenzung Ausschau zu halten, würde bedeuten, die Geduld zu verlieren. Nach dem Sinn zu fragen, würde bedeuten, die Geduld zu verlieren. Ich mußte lernen, die Zähne zusammenzubeißen und mich zum Durchhalten zu zwingen. Aber das ist nicht die Form der Geduld, die Gott von mir erwartet – er möchte, daß ich lerne, dabei auch mit Freuden Dank zu sagen.

Ich weiß noch, wie ich den Kolosserbrief las, während ich Philippa als Baby fütterte. Weil ich damals für beide Kinder sorgte, war die Zeit knapp, und ich versuchte, meine Gebetszeit und die Bibellese in die kurzen Ruhephasen zu verlegen, wenn Angus in der Spielgruppe war. Das Sonnenlicht strömte in unser friedliches Wohnzimmer, fast wie ein Bild für die Gegenwart Gottes, die mir die Verse, die ich las, erhellte.

Zum ersten Mal fiel mir der Satz auf: »(Habt) Geduld und sagt nun Dank mit Freuden« (Kol. 1,11–12).

»Ach Herr«, betete ich, sobald ich diesen Zusammenhang erkannt hatte, »ich möchte zur Geduld auch die Freude des Dankens haben.« Ich merkte, daß meine Ge-duld oft mehr einem Er-dulden ähnelte; ich hatte nicht viel von der Freude, die aus Gottes eigener Geduld fließt.

»Bitte gib mir die Freude der Geduld«, betete ich.

Ich hielt einen Moment inne. Zwar hörte ich Gottes Stimme nicht wirklich, aber in der kurzen Pause nach meinem Gebet kam mir plötzlich ein neuer Gedanke. Es war, als ob Gott selbst zu mir sprechen würde.

»Geduld und Freude sind keine Gaben, sie sind eine Frucht – eine Frucht des Heiligen Geistes. Sie wachsen langsam, aber sicher, wie die Früchte auf einem Baum. Sie lassen sich nicht einfach hinkleben.«

Meine augenblickliche freudige Erregung ließ ein wenig nach. Ich erkannte, daß mein Gebet, Geduld und Freude als ein Geschenk zu empfangen, unpassend war. Wenn ich sie haben wollte, dann mußte ich bereit dazu sein, mich mehr für den Geist Gottes zu öffnen, damit er die Frucht als natürliche Folge hervorbringen kann.

Ich fügte zu meinem Gebet hinzu: »Hilf mir, näher bei dir zu leben – mehr *in* dir als *mit* dir zu leben, und ich will immer wieder zu dir aufschauen, damit Geduld und Freude aus meinem Leben wachsen können.«

Ich fühlte mich ziemlich niedergeschlagen, als ich erkannte, was mein Gebet wirklich bedeutete. Geduld wächst aus der Fähigkeit, Leid zu ertragen, also letztendlich aus dem Leid selbst. Um Geduld zu bitten, würde also nicht das Ende des Leides bedeuten, sondern die Bereitschaft, ein mögliches Andauern zu akzeptieren, um Frucht bringen zu können – Gottes Frucht.

Und es gab auch keinen einfachen Weg zur Freude. Bis zu einem gewissen Ausmaß wächst Freude aus dem Leid. Darum zu bitten, daß der Heilige Geist in meinem Leben sichtbar wurde, hieß, Gottes Handeln ganz anzunehmen. In seiner großen Weisheit scheint er beschlossen zu haben, mir den Weg zur Freude durch das Leiden zu zeigen.

Es schien und scheint immer noch ein entmutigender Weg zu sein. Ich kann nur die anscheinend endlose Mühsal des Durchhaltens ertragen, weil ich immer wieder ermutigt werde. Ich brauche die Gewißheit, daß ich in Gottes Hand *bin,* selbst wenn es so aussieht, als ob er mich losgelassen hätte.

Leiden in Geduld zu ertragen, klingt unglaublich heroisch; in Wirklichkeit ist es aber hart und wenig aufregend. Wenn ich von Schmerzen gefangen bin, kann ich keinen objektiven Abstand gewinnen, wie es Außenstehende können. Geduldig auszuharren scheint unendlich schwer zu sein; es treibt mich manchmal an den Rand der Verzweiflung.

Es ist paradox, daß Gott gerade dann in mir sichtbar wurde, wenn ich mich völlig verzweifelt fühlte. Die Bemerkungen meiner Freunde darüber sind mir sehr wertvoll. Elaine sagte zum Beispiel: »Dein Mut und Vertrauen angesichts dieser Not und der dauernden Entmutigung müssen ganz einfach auf die Herrlichkeit Gottes hinweisen.«

Bei allem, was ich zu ertragen habe, gibt mir der Gedanke Mut, daß ich ein Licht für die um mich herum sein kann; daß ich Gott in meinem Leiden wohlgefällig sein kann; daß ich sogar einen Dienst im Leiden erfüllen kann.

Ein Brief wird mir immer lieb und kostbar sein. Er ist von Geoff, der mich besuchte, als ich mich gerade besonders müde und ausgelaugt fühlte. Damals konnte ich mir nicht vorstellen, daß ich irgend etwas in meinem Leben zu bieten hatte, weder Gott noch anderen. Hätte ich diese Gewißheit gehabt, von der in dem Brief etwas steht, hätte ich mich nicht mehr so niedergeschlagen und nutzlos gefühlt. Geoff schrieb:

»Ich möchte Ihnen ganz herzlich danken für die Zeit, die wir miteinander verbrachten, und die mir so viel gab. Es ist wunderbar, mit Ihnen zusammenzusein und etwas zu sehen, was Sie vielleicht nicht bemerken können: Die stille Freude, die von Gott kommt; sie scheint durch das schmerzbringende, aber siegreiche Kreuz, das er täglich auf Ihre zerbrechlichen Schultern legt.

Sie können diese ›stille Freude‹ vielleicht nicht erkennen, aber ich kann und habe sie schon gesehen ...

Christus lebt in Ihnen, und was wir in Ihnen sehen, ist eine unendliche Geduld und Treue, die nur in ihm möglich ist.«

Wir brauchen manchmal sehr lange, bis wir uns dazu überwinden können, einander Mut zuzusprechen; aber jeder Mensch, der leidet, braucht dringend solchen Zuspruch. Er muß wissen, daß sein Leben Frucht bringt, selbst wenn große Bereiche seines Aktionskreises im Leben durch das Leid stark eingeschränkt sind. Dennoch lohnt sich sein Leben. Er erfüllt einen Dienst im Leiden.

Liesl Alexander
. . . und dann öffnet sich die Tür
Geschichte einer Heilung
Mit einem Nachwort von Prof. Dr. Hans Rohrbach
176 Seiten, R. Brockhaus Taschenbuch, Bestell-Nr. 22027

Shanon Christian/Margaret Johnson
Auf hauchdünnem Eis
Geschichte einer Magersucht
160 Seiten, R. Brockhaus Taschenbuch, Bestell-Nr. 22030

Günther Klempnauer
Mein Gott – warum?
Über das Leiden und den Sinn des Lebens
128 Seiten, R. Brockhaus Taschenbuch, Bestell-Nr. 20418
Dabei kommen Zeitgenossen zu Wort wie: Friedensnobelpreisträger Elie Wiesel, Weltenbummler Frank Förster, Dichter Manfred Hausmann, Schauspieler Heinz Rühmann alias Kantor Sternberger, Professoren Helmut Thielicke und Max Horkheimer u.a.

Walter Weyrich
Wir wußten, daß du früher gehst
Drei Jahre Zeit zum Sterben und Leben
96 Seiten, R. Brockhaus Taschenbuch, Bestell-Nr. 20408
Eine Ehefrau und Mutter erkrankt an Krebs. Ihr Mann, Schweizer Pfarrer, beschreibt die letzten drei gemeinsamen Jahre.

Elisabeth Wetter (Hrsg.)
Von allen Seiten umgibst du mich
Worte der Hoffnung
112 Seiten, R. Brockhaus Taschenbuch, Bestell-Nr. 20403

Michiaki und Hildegard Horie
Umgang mit der Angst
104 Seiten, R. Brockhaus Taschenbuch, Bestell-Nr. 20388